D1995101

GÜTERSLOHER
VERLAGSHAUS

Gütersloher Verlagshaus. Dem Leben vertrauen

Für Ute, Luise und Paula

Matthias Hülsmann

KONFESSION: EVANGELISCH

BASISWISSEN

Gütersloher Verlagshaus

Bibliografische Information der Deutschen Nationalbibliothek
Die Deutsche Nationalbibliothek verzeichnet diese Publikation in der Deutschen Nationalbibliografie; detaillierte bibliografische Daten sind im Internet über http://dnb.d-nb.de abrufbar.

1. Auflage

Umschlaggestaltung: Init GmbH, Bielefeld
Umschlagmotiv: corbis
Druck und Einband: Těšínská tiskárna, a.s., Česky Těšín
Printed in Czech Republic
ISBN 978-3-579-06477-2

www.gtvh.de

Inhalt

Vorwort 9

1. Schöpfung
Zwei Schöpfungserzählungen *11*
Schöpfung und Weltbild *13*
Die Stellung des Menschen in der Schöpfung *15*
Schöpfung und Fall *17*
Schöpfung und Weltvollendung *19*
Wissenschaft und Mythos *20*
Schöpfung und Evolution *22*
Das christliche Menschenbild *25*
Das platonische Menschenbild *27*

2. Auszug
Die Erzväter *31*
Auszug und Passah *33*
Mose und der Monotheismus *35*

3. Hiobs Leiden
Die Rahmenerzählung *38*
Der Tun-Ergehen-Zusammenhang *40*
Die Theodizee *42*

4. Die Evangelien
Die Entstehung der Evangelien *46*
Die Zwei-Quellen-Theorie *48*
Die Sturmstillung im synoptischen Vergleich *50*
Vier Evangelien und vier Deutungen Jesu *52*
Deutungen des Todes Jesu *55*
Religiöse Gruppen zur Zeit Jesu *58*

5. Jesus Christus

Der Sohn Gottes *61*
Die Jungfrauengeburt *63*
Der Sohn Davids *64*
Bethlehem *65*

6. Letzte Dinge

Das Reich Gottes *67*
Die Wunder Jesu *68*
Die Gleichnisse *69*
Der Messias *71*
Der Menschensohn *73*

7. Paulus

Von Saulus zu Paulus *74*
Von den Juden zu den Heiden *75*
Unter der Sünde oder in Christus *77*
Paulus und die Frauen *79*

8. Alte Kirche und Mittelalter

Christenverfolgungen *81*
Die konstantinische Wende *82*
Karl der Große *85*
Kirche kontra Kaiser *88*

9. Reformation

Allein aus Gnade *90*
Allein die Schrift *92*
Allein durch den Glauben *93*
95 Thesen über Buße und Ablass *94*
Die wahre Kirche *95*
Die Reichsacht *97*
Luthers Lehre von den zwei Reichen *98*
Der Bauernkrieg *100*
Luther und die Juden *103*

10. Neuzeit
Der Dreißigjährige Krieg *106*
Die Aufklärung *107*
Kirche im Nationalsozialismus *110*

11. Religionskritik
Ludwig Feuerbach *115*
Karl Marx *116*
Friedrich Nietzsche *118*
Sigmund Freud *120*
Albert Camus *124*

12. Weltreligionen
Buddhismus *127*
Judentum *131*
Islam *138*
Die Begegnung der Religionen *141*

13. Ethik
Die religiöse Ethik des Alten Testaments
Das Talionsprinzip *146*
Die Zehn Gebote *147*
Die religiöse Ethik des Neuen Testaments *148*
Die Bergpredigt *149*
Auslegungen der Bergpredigt *150*
Die religiöse Ethik Luthers *151*
Die deontologische Ethik *153*
Die utilitaristische Ethik *155*
Die Verantwortungsethik *157*
Gentechnik *158*
Sterbehilfe *161*

14. Spiritualität

Der Sonntag *165*
Die Taufe *166*
Die Konfirmation *167*
Die Trauung *168*
Die Beerdigung *169*
Die Sakramente *171*
Das Kirchenjahr *171*

15. Fünf Grundtexte des Christentums

Die Zehn Gebote *176*
Das Glaubensbekenntnis *176*
Das Vaterunser *177*
Der Taufbefehl *177*
Die Einsetzungsworte zum Abendmahl *177*

16. Das Verhältnis von Glaube und Vernunft

Bibel und neuzeitliches Denken *179*
Glaube und Naturwissenschaft *180*
Glaube und Geschichte *181*

Kleines Glossar 183
Abkürzungen und Zitate 187
Literatur 188
Danksagung 191

Vorwort

Religion ist spannend. Und macht neugierig.
Ein Beispiel: Eines Morgens sitzt eine Schülerin ohne ihr Buch im Religionsunterricht. Mein pädagogischer Eifer erwacht. »Sie wissen, dass es zu Ihren Aufgaben gehört, das Buch mitzubringen. Wo ist also Ihr Buch?« Doch die Schülerin antwortet nicht mit »Ich hab's vergessen«, sondern erzählt: »Gestern Abend hat meine Mutter das Religionsbuch aus meiner Schultasche genommen und vor dem Schlafen darin gelesen. Als ich heute Morgen zur Schule musste, hat sie noch geschlafen, aber ich wollte sie nicht wecken. Das Buch liegt auf ihrem Nachttisch.«
Bis vor wenigen Jahren galt der Satz »Ach, Sie sind Christ? Interessant – und was macht man da so?« als Witz. Inzwischen wird die Frage ganz ernsthaft gestellt. Was macht eigentlich ein Christ, wenn es um Kernenergie, Gentechnik oder Sterbehilfe geht? Was glauben und was denken Christen? Das Interesse am christlichen Glauben ist da, aber wen kann man fragen, wenn man etwas nicht versteht?
Die Antworten sind oft zu ausführlich, zu schwierig oder zu abgehoben. Deshalb beschränkt sich dieses Buch auf die wichtigsten Inhalte des Christentums. Ich habe versucht, sie kurz, verständlich und lebensnah zu beschreiben. Dieses Buch setzt keinerlei Vorkenntnisse voraus. Die Lesbarkeit war mir wichtiger als Fremdworte und wissenschaftliche Anmerkungen. Ich habe mich bemüht, die Ergebnisse der theologischen Wissenschaft anschaulich darzustellen und auf das eigene Leben zu beziehen. Und mir war es wichtig, geschichtliche Entwicklungslinien deutlich zu machen, die bis heute unser Denken und Handeln beeinflussen.
So bietet dieses Buch grundlegende Informationen über die Entstehungsbedingungen und die Aussageabsicht des Alten

und des Neuen Testaments, über die wichtigsten Weichenstellungen in der Geschichte des Christentums, über ethische Maßstäbe für ein verantwortbares Handeln und über christliche Spiritualität, die unsere Kultur grundlegend prägt.

Walsrode, im September 2008

Matthias Hülsmann

1. Schöpfung

Zwei Schöpfungserzählungen

Wie viele Menschen hat Gott eigentlich am Anfang erschaffen? Adam und Eva, also zwei. Aber ganz so einfach ist die Sache nicht. Auf den ersten Seiten der Bibel wird erzählt, dass Gott insgesamt vier Menschen erschaffen hat. Hier der Beweis: Im ersten Buch Mose, Kapitel 1, Vers 27 (abgekürzt Gen 1,27) heißt es:

> Gott schuf die Menschen nach seinem Bild, als Gottes Ebenbild schuf er sie und schuf sie als Mann und Frau.

Das sind zwei Menschen.
In Gen 2,7 heißt es dann weiter:

> Da nahm Gott, der HERR, Staub von der Erde, formte daraus den Menschen und blies ihm den Lebensatem in die Nase. So wurde der Mensch ein lebendes Wesen.

Nun sind es schon drei.
Gen 2,21f. erzählt:

> Da versetzte Gott, der HERR, den Menschen in einen tiefen Schlaf, nahm eine seiner Rippen heraus und füllte die Stelle mit Fleisch. Aus der Rippe machte er eine Frau und brachte sie zu dem Menschen.

Jetzt sind es tatsächlich vier.
Hat Gott wirklich vier Menschen geschaffen? Wohl kaum. Wir haben es hier mit zwei Schöpfungserzählungen zu tun. Jede der beiden Erzählungen schildert die Erschaffung von jeweils zwei Menschen – macht zusammen vier. Gen 1,1-2,4 bildet

eine Erzählung, und Gen 2,4-25 bildet eine zweite Erzählung.
Für diese Annahme sprechen zwei gewichtige Gründe:
Erstens gibt es ganz offensichtliche Widersprüche zwischen beiden Schöpfungserzählungen. In Gen 1 werden zuerst die Tiere geschaffen und danach der Mensch als Mann und Frau.
In Gen 2 dagegen wird noch vor den Tieren zuerst der Mann geschaffen, erst danach die Tiere. Denn Gott erkennt, dass es nicht gut ist, wenn der Mann allein bleibt. Zu diesem Zweck erschafft Gott die Tiere, doch die können das Einsamkeitsproblem des Mannes nicht lösen. Deshalb erschafft Gott am Schluss die Frau aus der Rippe des Mannes.
Der zweite Grund für die Annahme von zwei Schöpfungserzählungen besteht in der Art und Weise, wie Gott die Welt erschafft. In Gen 2 wird Gott als vielseitig begabter Handwerker dargestellt. Wie ein Töpfer formt er mit seinen Händen aus Erde den Mann; wie ein Gärtner legt Gott einen Garten an; mit dem Mund bläst Gott dem Adam den Lebenshauch ein; wie ein Anästhesist lässt er Adam in einen tiefen Schlaf fallen und wie ein Chirurg entfernt er eine Rippe. Diese Schöpfungserzählung ist so anschaulich erzählt, dass man sie sofort verfilmen könnte. Gott wird hier anthropomorph dargestellt. Das bedeutet, Gott wird in menschlicher Gestalt gezeichnet. Die Menschen übertragen ihre eigenen menschlichen Eigenschaften und handwerklichen Fähigkeiten auf Gott. Diesen Vorgang bezeichnet die Religionswissenschaft als Anthropomorphismus.
Ganz anders in Gen 1. Hier wird Gott nicht dargestellt. Er bleibt unsichtbar und abstrakt. Seine einzige Handlung ist das Sprechen. Und auch dieses Sprechen ist anders als bei Menschen, denn alles, was Gott sagt, tritt sofort ein. Seine Worte werden unmittelbar Wirklichkeit. Hier haben wir es mit einer abstrakten, stark vergeistigten Vorstellung von Gott zu tun.

Schöpfung und Weltbild

Die Ursache für diese unterschiedliche Art der Darstellung in den beiden Schöpfungserzählungen liegt in den unterschiedlichen Weltbildern, die beide Erzählungen prägen. Gen 2 ist aus der Sicht von Nomaden erzählt. Ihr Leben war viele Generationen lang bestimmt von der ständigen Suche nach Weideplätzen mitten in der Steppe. So zogen sie in den kargen Gegenden umher, stets auf der Suche nach Futter für ihr Vieh. Auf diesem Hintergrund muss ihnen das Land Israel mit seinen fruchtbaren Böden und dem Wasser des Jordan wie ein fruchtbarer Garten vorgekommen sein. Abends am Lagerfeuer erzählten sie von Generation zu Generation, wie Gott die Welt erschaffen hat. In dieser Erzählung vom Anfang der Welt ist das Staunen über die Fruchtbarkeit der Erde noch spürbar.

Erst viel später wurde diese Erzählung aufgeschrieben. Das geschah vermutlich zur Zeit von König David um 1000 vor Christus. Er konnte es sich an seinem Hofe leisten, Schreiber zu beschäftigen, die die mündlichen Erzählungen sammelten und den Umgang mit Pergament und Griffel beherrschten.

Der Schreiber von Gen 2 bezeichnet Gott mit dem Namen Jahwe, der in der Übersetzung mit »HERR« wiedergegeben wird. Deshalb wird dieser Verfasser als Jahwist und Gen 2 als jahwistische Schöpfungserzählung bezeichnet.

Gen 1 ist fast 500 Jahre später, vermutlich um 586 vor Christus in der babylonischen Gefangenschaft entstanden. Das Volk Israel war von den siegreichen Babyloniern nach Babylon deportiert worden. Hier im Exil wurden sie mit der Schöpfungserzählung der Babylonier konfrontiert.

Die babylonische Schöpfungsgeschichte hat ihren Namen von den ersten beiden Worten, mit denen sie beginnt: Enuma elisch. Der Gott Marduk kämpft gegen die Göttin Tiamat und tötet sie. Er zerhaut sie in zwei Teile und baut aus ihrem Rücken die Erdscheibe und aus ihrem Bauch die Himmelskuppel. Aus dem Blut der Göttin erschafft er die Menschen.

Diese Schöpfungserzählung verunsicherte die Juden im babylonischen Exil. Was sollten sie nun glauben? Deshalb gingen sie zu ihren jüdischen Priestern und fragten sie um Rat. Die Priester stellten fest, dass die alte jahwistische Schöpfungsgeschichte bei dieser neuen Herausforderung nicht helfen konnte. Deshalb reagierten sie auf die babylonische Schöpfungsgeschichte mit einer neuen Erzählung, die der aktuellen Situation besser gewachsen war. Dabei nahmen sie Elemente der babylonischen Schöpfungserzählung auf und veränderten sie so, dass sie ihrem jüdischen Glauben entsprach. Aus dem Kampf der Götter wurde dabei der eine Gott, der ohne jede Kampfanstrengung allein durch sein Wort die Welt erschafft. Durch diese Veränderung bewahrten sie ihren streng monotheistischen Glauben, den Glauben an den einen, allmächtigen Gott. Aus demselben Grund verwandelten sie die Gestirne, die von den Babyloniern als Götter verehrt wurden, in Lampen, die der allmächtige Gott an die Himmelskuppel hängt. Und das weltbedrohliche Chaoswasser, das im babylonischen Schöpfungsmythos von der Göttin Tiamat dargestellt wird, wird nun in der jüdischen Erzählung vom Gott Israels souverän in seine Grenzen gewiesen.

Weil diese Schöpfungserzählung von Priestern verfasst wurde, wird sie als priesterschriftliche Schöpfungserzählung bezeichnet.

Die erstaunlichste Tatsache besteht jedoch darin, dass diese neuere Schöpfungsgeschichte die ältere Schöpfungserzählung aus Gen 2 nicht verdrängt oder abgelöst hat. Stattdessen stellte man sie beide gleichberechtigt nebeneinander. Damit machten die Priester deutlich: Die Weltanschauung mag sich än-

dern und unsere Welterkenntnis mag zunehmen, die religiöse Aussage bleibt dennoch gleich: Gott selbst erschafft die Welt und gibt dem Menschen seine besondere Stellung.
Beide Schöpfungserzählungen wollen also in erster Linie nicht erzählen, wie Gott die Welt geschaffen hat, sondern wozu er sie geschaffen hat und was der Sinn der Menschen ist.

Die Stellung des Menschen in der Schöpfung

Die beiden Schöpfungserzählungen stimmen darin überein, dass der Mensch eine ganz besondere Stellung in der Schöpfung hat.
In der älteren jahwistischen Erzählung ist die Erschaffung des Menschen Gottes erste Schöpfungstat. Erst danach legt er für diesen Menschen einen Garten mit Pflanzen und Bäumen an. Zugleich bekommt der Mensch den Auftrag, diesen Garten zu pflegen und zu schützen. Als Gott erkennt, dass der Mensch allein nicht leben kann, erschafft er die Tiere, denen der Mensch ihre Namen gibt. Doch auch sie lösen nicht das Problem der menschlichen Einsamkeit. Das wird erst gelöst, indem Gott als letzte Schöpfungstat die Frau aus der Rippe des Mannes erschafft.
Deutlicher kann man die Fürsorge Gottes für den Menschen kaum ausdrücken. Diese jahwistische Schöpfungserzählung lässt keinen Zweifel daran, dass der Mensch das Zentrum der Schöpfung bildet. Gott hat die Welt für ihn erschaffen. Der Mensch darf darin leben, er darf auch von ihr leben, aber er soll für die Bewahrung und Pflege der Schöpfung sorgen.
Die Aussage der priesterschriftlichen Schöpfungsgeschichte ist ganz ähnlich. Sechs Tage lang erschafft Gott die Welt. Er spricht, und es geschieht. Am sechsten Tag erschafft er auf diese Weise die Säugetiere. Doch dann stockt plötzlich die

Erzählung, denn Gott beginnt ein Selbstgespräch: *Nun wollen wir Menschen machen, ein Abbild, das uns ähnlich ist.* Diese Selbstaufforderung gibt es nur hier, bei der Erschaffung des Menschen. Sie macht deutlich, dass jetzt etwas Außergewöhnliches geschieht: Gottes letzte und größte Schöpfungstat. Erst jetzt, nach der Erschaffung des Menschen, gibt er seiner Schöpfung die Bestnote: *Es war alles sehr gut.*

Das Außergewöhnliche besteht darin, dass Gott den Menschen zu seinem Ebenbild erschafft, und zwar als einziges Lebewesen innerhalb der Schöpfung. Das unterscheidet den Menschen von allen anderen Geschöpfen. Der Mensch als Ebenbild Gottes wird mit einer besonderen Würde und mit einem besonderen Auftrag ausgestattet: Der Mensch darf und soll über alle anderen Lebewesen herrschen. Als Ebenbild repräsentiert er die Hoheit Gottes in der Welt. Diese Form der Stellvertretung geht auf die Sitte orientalischer Großkönige zurück, die in allen Gegenden ihres Herrschaftsgebietes Bilder von sich aufstellen ließen als Zeichen ihrer Gegenwart und Herrschaft. Schließlich konnten sie ja nicht in ihrem ganzen Reich überall gleichzeitig sein. Ähnlich wie diese Standbilder den König repräsentierten, ist der Mensch Ebenbild Gottes und repräsentiert stellvertretend Gottes Herrschaft über die Erde.

Der Mensch hat also einen doppelten Charakter. Einerseits ist er ein Geschöpf wie jedes andere Geschöpf auch. Er ist aus Erde geschaffen. Darin unterscheidet er sich in nichts von den Tieren. Nichts an ihm ist göttlich. Er ist durch und durch Kreatur, geschaffen von Gott; aus Materie, die Gott geschaffen hat. Der Mensch ist ausdrücklich nicht aus Götterblut – also aus göttlicher Substanz – entstanden. Nichts an ihm ist ewig. Deshalb heißt der Mensch auf Hebräisch Adam, denn Gott hat ihn aus »adamah« – das ist das hebräische Wort für »Erde« – geschaffen. Wörtlich übersetzt, müsste Adam also eigentlich

»der Erdling« heißen. So steht der Mensch einerseits ganz auf der Seite der Schöpfung und der Kreaturen und ist ein Teil von ihnen.
Andererseits steht der Mensch den Kreaturen gegenüber, weil Gott ihn aus der Schöpfung heraushebt und ihm einen besonderen Auftrag gibt, nämlich die Herrschaft über und die Sorge um die Schöpfung. Seine Vernunft- und Sprachbegabung darf der Mensch gebrauchen, um den Tieren Namen zu geben, um die Kräfte und Energien der Erde zu nutzen und für sich nutzbar zu machen und um die Naturgesetze – zum Beispiel Pflanzen- und Viehzucht – zu erforschen.
Diesen doppelten Charakter des Menschen in der Schöpfung bringt Psalm 8,4-7 folgendermaßen auf den Punkt:

> Ich bestaune den Himmel, das Werk deiner Hände, den Mond und die Sterne, die du geschaffen hast: Wie klein ist da der Mensch, wie gering und unbedeutend! Und doch gibst du dich mit ihm ab und kümmerst dich um ihn! Ja, du hast ihm Macht und Würde verliehen; es fehlt nicht viel, und er wäre wie du. Du hast ihn zum Herrscher gemacht über deine Geschöpfe, alles hast du ihm unterstellt.

Der Mensch kann nicht mit einem Satz beschrieben werden; er ist nur in zwei widersprüchlichen Aussagen zu charakterisieren: einerseits klein und unbedeutend, andererseits nur wenig geringer als Gott.
Dieses biblische Menschenbild hat Folgen bis in heutige ethische Entscheidungen hinein.

Schöpfung und Fall

Jeder Mensch weiß, dass die Welt nicht so ist, wie sie sein sollte. Und jeder weiß, dass auch die Menschen weit hinter dem

zurückbleiben, was sie sein könnten. Die Welt ist nicht perfekt. Wie passt diese Erfahrung der Unvollkommenheit zusammen mit der göttlichen Aussage: *Es war alles sehr gut?*
Der Jahwist versucht diesen Widerspruch zu erhellen durch die Geschichte von der Vertreibung aus dem Paradies in Gen 3. Adam und Eva essen trotz des göttlichen Verbotes vom Baum der Erkenntnis. Es folgt die göttliche Strafe: die Scham über die eigene Nacktheit; die Schmerzen bei der Geburt; die Mühsal, durch Arbeit den Lebensunterhalt zu verdienen, und schließlich der Tod. *Denn du bist Erde und sollst zu Erde werden.* Bis heute sind dies die Grundbedingungen, unter denen wir Menschen leben müssen. Am Ende eines Lebens fällt bei der Beerdigung der Satz: *Erde zu Erde, Asche zu Asche, Staub zum Staube.*

Hinter diesen Geschichten von der Schöpfung und Vertreibung aus dem Paradies steht die theologische Aussage: Auch diese Welt hat einen doppelten Charakter. Sie ist einerseits gute Schöpfung Gottes. Denn alles, was er gut geschaffen hat, ist und bleibt gut. Aber andererseits ist die gesamte Schöpfung gefallen. Sie ist dem Leiden und dem Tod unterworfen. Die Schuld dafür liegt nicht bei Gott. Der Mensch hat dieses Unglück verursacht. Er hat die gute Schöpfung Gottes verdorben.

Der Mensch hat selbst an diesem doppelten Charakter teil. Auch er ist weiterhin gute Schöpfung Gottes, Gottes Ebenbild auf der Erde. Zugleich aber ist er der gefallene Sünder, der seine Mitmenschen und die gesamte Schöpfung immer wieder ins Unglück stürzt. Dass Menschenbrüder sich gegenseitig umbringen, wie die Geschichte von Kain und Abel in Gen 4 erzählt, geschieht täglich tausendfach. Die Nachrichten sind voll davon.

Schöpfung und Weltvollendung

Doch diese Zustandsbeschreibung der Welt ist nicht das letzte Wort, das die Bibel dazu sagt. Die Schöpfung hat noch einen weiteren, dritten Charakter, der jedoch in der Zukunft liegt. Die Schöpfung wird am Ende der Zeiten von Gott wieder in Ordnung gebracht werden. Die Zukunft dieser Welt besteht darin, dass der paradiesische Urzustand des Anfangs wiederhergestellt wird. Der Fachbegriff für diese Lehre von den letzten Dingen lautet »Eschatologie«. Sie befasst sich mit dem Ende dieser Welt und dem Anbruch der neuen, ewigen Welt. Der eschatologische Aspekt ist damit die dritte Sichtweise, unter der man die Schöpfung betrachten kann. Schon das Alte Testament kennt diese Hoffnung auf die Wiederherstellung des sehr guten Anfangs der Welt vor dem Fall. Jesaja 11,6-7 beschreibt diese Zukunftshoffnung:

> Da werden die Wölfe bei den Lämmern liegen und die Panther bei den Böcken lagern. Ein kleiner Knabe wird Kälber und junge Löwen miteinander hüten. Kühe und Bären werden zusammen weiden und Löwen werden Stroh fressen wie die Rinder.

Diese Hoffnung auf Erlösung von Leid, Schmerz und Tod durchzieht auch das gesamte Neue Testament. Paulus beschreibt in Römer 8,18-22 das *Seufzen und ängstliche Harren der Kreatur.* Die gesamte Schöpfung – nicht nur der Mensch – ist der Angst vor dem Tod unterworfen und wartet auf die Erlösung:

> Denn wir wissen, dass die ganze Schöpfung bis zu diesem Augenblick mit uns seufzt und sich ängstet.

Eigentlich ist ein Leben in dieser gefallenen Schöpfung unter diesen leidvollen Bedingungen unerträglich. Aber für Paulus wiegt die Hoffnung auf eine leidlose ewige Welt in der Zukunft schwerer als alles Leiden dieser Zeit:

Ich bin überzeugt: Was wir in der gegenwärtigen Zeit noch leiden müssen, fällt überhaupt nicht ins Gewicht im Vergleich mit der Herrlichkeit, die Gott uns zugedacht hat und die er in der Zukunft offenbar machen wird.

Im letzten Buch der Bibel beschreibt der Seher Johannes in Offenbarung 21,1-4 diese Erlösung und Weltvollendung:

Dann sah ich einen neuen Himmel und eine neue Erde. Der erste Himmel und die erste Erde waren verschwunden und das Meer war nicht mehr da. Und Gott wird abwischen alle Tränen von ihren Augen. Es wird keinen Tod mehr geben und keine Traurigkeit, keine Klage und keine Quälerei mehr. Was einmal war, ist für immer vorbei.

Diese Welt ohne Leid und Tod wird keinen doppelten oder dreifachen Charakter mehr haben, sondern das *»sehr gut«* vom Anfang der Schöpfung zur endgültigen Vollendung bringen.

Wissenschaft und Mythos

Niemand wird vermutlich auf den Gedanken kommen, die babylonische Schöpfungsgeschichte wörtlich zu nehmen. »In welchem Jahr hat der Gott Marduk die Göttin Tiamat getötet?« – diese Frage ist absurd. Der babylonische Götterkampf ist nicht historisch datierbar, weil er historisch nicht stattgefunden hat. Wir haben es hier nicht mit überprüfbaren Ereignissen im Sinne der Geschichtswissenschaft zu tun, sondern mit einem Mythos.
Ein Mythos ist eine Erzählung, die von Generation zu Generation überliefert wird. Der Mythos erzählt von urzeitlichen Vorgängen und vom Eingreifen übernatürlicher Mächte, um

bestimmte weltliche Zustände zu erklären. Es geht um die Deutung der Welt, indem die Entstehung der Welt und des Menschen auf Götter zurückgeführt wird.
Ähnliches gilt für die Urgeschichten in Gen 1-11. Schlangen können nicht sprechen; Obst macht nicht schlau; und Gott hat keine menschlichen Hände, mit denen er aus einer Rippe eine Frau macht. Auch hier haben wir es mit mythologischen Erzählungen zu tun. »Wo liegt das Paradies?« – diese Frage ist nicht zu beantworten. Der geographische Hinweis auf Euphrat und Tigris in Gen 2,14 führt in den heutigen Irak. Aber dort steht kein Engel mit einem flammenden Schwert, um das Tor zum Paradies zu bewachen.
Die Menschen damals deuteten ihre Welt durch Mythen, weil es eine exakte Geschichtswissenschaft noch nicht gab. Trotzdem transportieren diese biblischen Geschichten eine Wahrheit. Sie ist aber kein Polizeiprotokoll über einen Tathergang an einem bestimmten Ort zu einer bestimmten Zeit. Die Geschichtswissenschaft geht von historischen Fakten aus, die man nachprüfen oder mit dem Spaten ausgraben kann. Ihr geht es um genau datierbare, einmalige Ereignisse. Mythen dagegen erzählen Geschichten, die ihrem erzählten Sinn nach bis heute gelten und die immer wieder geschehen.
Auch heute noch erschlägt Kain seinen Menschenbruder Abel, im Kinderzimmer, auf dem Schulhof oder auf dem Schlachtfeld. Bis heute bauen Menschen im übertragenen Sinne Türme bis in den Himmel: Kernforschung und Atomspaltung, Gentechnik und Stammzellforschung, Informationstechnologie und Raumfahrt – der Forscherdrang des Menschen kennt keine Grenzen. Solange es Menschen gibt, werden sie ihren technischen Sachverstand nutzen, um berühmt zu werden und Gott überflüssig zu machen.
Und dennoch: Tag für Tag lebt die Menschheit von Gottes Zusage, die er in Gen 8,22 gibt:

> Solange die Erde steht, soll nicht aufhören Saat und Ernte, Frost und Hitze, Sommer und Winter, Tag und Nacht.

Und bis zum heutigen Tag erschafft Gott den Menschen. So jedenfalls hat Martin Luther im Kleinen Katechismus die Schöpfungsgeschichte gedeutet, wenn er sagt:

> Ich glaube, dass mich Gott geschaffen hat samt allen Kreaturen.

Keine Rede von den Eltern, obwohl Luther um deren Notwendigkeit für die Fortpflanzung wusste.

Schöpfung und Evolution

Die Unterscheidung zwischen Wissenschaft und Mythos kann helfen, das bis heute spannungsreiche Verhältnis zwischen Schöpfung und Evolution zu entflechten.
Charles Darwin gilt als Begründer der Evolutionstheorie. Er stellte die These auf, dass sich alles Leben von einfachen Lebensformen zu immer höheren und komplexeren Lebensformen weiterentwickelt hat, dass also der Mensch im Laufe von Millionen von Jahren aus Primaten hervorgegangen sei. Diese These wird bis heute im Biologieunterricht gelehrt und durch immer neue Erkenntnisse gestützt. Das Erbgut des Menschen und des Schimpansen stimmt zu 98 Prozent überein. Eine Verwandtschaft liegt damit nahe.
Aber von bibeltreuen Christen in Amerika wird heftig gegen diese These gefochten, weil sie den Aussagen der Bibel widerspricht, denn hier wird ausdrücklich geschildert, dass Gott die Welt in sieben Tagen und den Menschen als Krone der Schöpfung geschaffen hat.
Man muss sich die Intention beider Ansätze verdeutlichen, um diese Widersprüche aufzulösen. Die moderne Naturwis-

senschaft basiert auf einem methodischen Atheismus. Sie versucht, Gesetzmäßigkeiten in der Natur aufzuspüren und eine Begründung zu finden. Diese Gesetze und Abläufe müssen allgemein gelten und wiederholbar sein. Methodischer Atheismus bedeutet, dass die Naturwissenschaft nicht mit einem Eingreifen Gottes rechnen darf. Es gehört zum Wesen eines wissenschaftlichen Experiments, dass es im Labor unter den gleichen Bedingungen mit dem gleichen Ergebnis wiederholt werden kann. Das Glas, das vom Tisch gestoßen wird, fällt immer zu Boden. Sobald Gott in diesem Vorgang eine Bedeutung gewinnen würde, würde der Forscher die Grundlagen und Methoden der Wissenschaft verlassen.

Die Absicht der Schöpfungserzählungen in der Bibel ist eine ganz andere. Sie wollen eine Aussage über den Sinn und den Wert der Welt und des Menschen machen. Die Welt existiert, weil Gott will, dass es die Welt und dass es die Menschen gibt. Gott möchte, dass das Leben der Menschen sich entfalten kann und stellt ihm dafür die Welt wie einen Garten zur Verfügung. Gott möchte, dass der Mensch in Gemeinschaft lebt. Deshalb »teilt« er Adam, entnimmt ihm eine Rippe und baut daraus eine Frau, damit diese beiden Menschen wieder das werden, was sie am Anfang schon waren: ein Fleisch.

Die sieben Tage der Schöpfung liefern keine wissenschaftliche Zeitangabe, sondern machen deutlich, dass Gottes Schöpfungshandeln darin besteht, Ordnung ins Chaos zu bringen. Deshalb teilt Gott den Einheitsbrei des Tohuwabohu ein in Kategorien wie Meer und Land, Licht und Dunkel, Tag und Nacht.

Das Wissen, das die Menschen damals über Naturvorgänge hatten, ist in diese Erzählungen eingegangen, zum Beispiel die Erkenntnis, dass aus den Samen der Früchte wieder neue Pflanzen werden. Die Reihenfolge in der priesterschriftlichen Schöpfungserzählung ist bereits erstaunlich differenziert:

Meer und Land, Pflanzen, Fische und Vögel, Säugetiere und zuletzt der Mensch.
Besonders auffällig ist die Tatsache, dass Gott erst am vierten Tag Sonne, Mond und Sterne erschafft. Der Grund dafür liegt vermutlich darin, dass die Menschen auf keinen Fall auf den Gedanken kommen sollten, die Gestirne seien göttlich und müssten deshalb als Götter verehrt werden, so wie es in Babylon damals üblich war.
Noch auffälliger ist die Tatsache, dass Gott bereits am ersten Tag das Licht erschafft. Wo kommt dieses Licht eigentlich her, wenn Gott die Sonne erst drei Tage später erschafft? Oder müssen wir mit unserem heutigen naturwissenschaftlichen Wissen vielleicht angemessener übersetzen: »Und Gott sprach: Es werde Energie«?
Die Tatsache, dass in der Bibel zwei Schöpfungserzählungen nebeneinander stehen, die sich in vielen Teilen widersprechen, ist für ihre Interpretation sehr wichtig.
Zum ersten wird deutlich, dass es den Verfassern damals nicht darum ging, wer denn nun wissenschaftlich betrachtet Recht hat, denn dann wäre die »falsche« Schöpfungserzählung sicherlich entfernt worden.
Zum zweiten steckt hinter diesem toleranten Nebeneinander die Weisheit, dass unsere Erkenntnis der Welt zwar fortschreitet und unser Wissen veraltet, dass aber die Frage des Menschen nach dem Sinn und Wert seines Daseins weiter bestehen bleibt.
Und zum dritten eröffnet dieses Nebeneinander von jahwistischer und priesterschriftlicher Schöpfungsgeschichte für uns die Möglichkeit, unter den heutigen weltanschaulichen Bedingungen eine neue Schöpfungsgeschichte zu formulieren, die den aktuellen naturwissenschaftlichen Herausforderungen gewachsen ist. Sie müsste Urknall, Quantenphysik und Evolutionstheorie mit dem Glauben an den allmächtigen Schöpfer verbinden, der in allem handelt.

Dann sind Schöpfung und Evolution keine Widersprüche mehr, sondern Deutungen der Spuren Gottes in unserer Welt mit den uns zur Verfügung stehenden wissenschaftlichen Erkenntnissen. Der Mensch ist das aus Sternenstaub geschaffene Lebewesen, das im Gegensatz zu allen anderen Kreaturen zu Bewusstsein gelangt ist und sich selbst denken kann. Und nicht nur das. Er kann sogar über sich selbst hinaus denken – er kann Gott denken! Der Mensch ist gottgewollter Sternenstaub, in dem der Schöpfer des Kosmos sich selbst bewusst wird. In uns Menschen denkt Gott sich selbst.
Und schließlich kann das Nebeneinander der beiden biblischen Schöpfungserzählungen uns gelassener machen. Auch unser heutiges naturwissenschaftliches Wissen wird in tausend Jahren wieder zu großen Teilen veraltet sein. Dann wird es wieder Zeit, eine neue Schöpfungserzählung zu formulieren, die vom guten Anfang der Welt erzählt und von Gottes Fürsorge für den Menschen.

Das christliche Menschenbild

Das christliche Menschenbild stimmt in vielen Punkten mit dem jüdischen überein, denn es basiert ebenfalls auf dem Alten Testament, der Heiligen Schrift der Juden.
Jeder Mensch hat sein Leben von Gott geschenkt bekommen und es passiv empfangen.
Dass Gott es war, der den Menschen erschafft, verleiht jedem Menschen einen unverlierbaren Wert. Wenn Herr Stradivari der Baumeister einer Geige ist, dann verleiht diese Herkunft dem Instrument seinen besonderen Wert. Wenn Gott der Schöpfer eines Menschen ist, dann verleiht diese Herkunft ebenso dem Menschen einen unvergleichlichen Wert.
Der Mensch hat zu diesem Wert nichts beigetragen, denn er

hat ihn – wie das Leben selbst – passiv geschenkt bekommen. Deshalb kann ihm nichts diesen Wert nehmen. Das Gleiche gilt für die Würde des Menschen. Sie ist jedem Menschen von seinem Schöpfer verliehen. Niemand kann einem Menschen die Würde nehmen, egal ob er behindert, alt oder sterbend ist. Nur Gott kann einem Menschen die Würde schenken, der Staat kann das nicht. Die Aufgabe des Staates ist es, diese Würde des Menschen zu schützen. Hieran erkennt man, dass das Grundgesetz der Bundesrepublik Deutschland auf dem jüdisch-christlichen Menschenbild beruht.

Das christliche Menschenbild umfasst noch weitere wichtige Aspekte:

Erstens: Jesus bezeichnet Gott in seinem Gebet als »unser Vater«. Wenn aber Gott unser Vater ist, dann sind wir Menschen seine Kinder, also Schwestern und Brüder. Nun wissen wir, dass Geschwister zwar nicht alle gleich sind, aber sie sind alle gleichwertig. Diese Gleichwertigkeit gilt auch für den Fremden, der unsere Hilfe benötigt. Das macht Jesus im Gleichnis vom barmherzigen Samariter in Luk 10 deutlich. Die Samariter galten zur Zeit Jesu als Ausländer.

Zweitens: Die Würde des Menschen besteht nicht nur darin, dass er ein Geschöpf Gottes ist. Der Schöpfer wird selbst zu einem Geschöpf. Gott wird in Jesus von Nazareth ein Mensch. Das ist der Kern des Weihnachtsfestes: Gott selbst wird ein Mensch aus Fleisch und Blut. Er trinkt Muttermilch und braucht eine Windel. Der menschliche Körper ist gute Schöpfung Gottes. Essen und Trinken, Schönheit und Sexualität, Sport und Spiel – alles das sind gute Gaben Gottes. Gott adelt unsere Leiblichkeit, indem er selbst ein Mensch wird.

Drittens: In Jesus von Nazareth stirbt Gott für die Menschen. Er durchleidet Folter und Todesqual. In Gottes Augen sind die Menschen so wertvoll, dass er selbst für sie stirbt. Wenn Gott den Wert eines Menschen für so hoch erachtet, dann hat kein

Staat, keine Institution und kein Mensch das Recht, den Wert eines Menschen zu verringern. Deshalb dürfen Menschen nicht für entwürdigende Menschenversuche missbraucht werden. Deshalb darf ein Mensch niemals ausschließlich zum Mittel für einen Zweck instrumentalisiert werden, zum Beispiel als Kindersoldat, Organlager oder Arbeitssklave.
Nach christlichem Verständnis hat ein Flüchtling, der vor Hunger, Krieg oder Verfolgung flieht, das gleiche Recht auf Leben und Asyl wie jeder andere Mensch auch.
Das sind die Konsequenzen, die sich aus dem christlichen Menschenbild ergeben.

Das platonische Menschenbild

Wenn ein Mensch stirbt, dann stirbt der Körper und seine Seele geht ein ins Jenseits. Wer so denkt, denkt nicht christlich, sondern platonisch.
Der griechische Philosoph Plato lebte von 427 bis 347 vor Christus. Er lehrte, dass es über diese materielle Welt der Dinge hinaus noch eine andere, jenseitige Welt gibt. Die diesseitige Welt ist nach Platos Verständnis geprägt durch konkrete Gegenstände, die der Mensch mit seinen Sinnen wahrnehmen kann. Zu dieser Welt der Natur gehört alles, was wir sehen, anfassen, wiegen und messen können, also auch der Körper des Menschen. Diese körperliche Welt ist vergänglich, denn alles in ihr verändert sich, altert und muss einmal vergehen. Die jenseitige Welt dagegen verstand Plato als die Welt der Ideen. Sie sind ewig, unvergänglich und unveränderlich. In jener jenseitigen Welt existieren die Ideen von allem, was es in unserer irdischen, materiellen Welt gibt. Das heißt zum Beispiel, in der Welt der Ideen gibt es zwar keine Tische, aber es gibt dort die Idee eines Tisches. Diese Idee ist unvergäng-

lich und unveränderlich. In unserer materiellen Welt gibt es dagegen die konkreten Ausführungen: Tische aus Holz und aus Kunststoff, mit drei Beinen und mit vier Beinen, in Weiß oder in Rot, neuwertig oder schrottreif. Alle diese unterschiedlichen Tische haben Anteil an jener jenseitigen Idee des Tisches. Nur deshalb sind wir Menschen in der Lage, einen Gegenstand mit vier Standbeinen und einer horizontalen Fläche als Tisch zu identifizieren, ohne ihn mit einem Carport zu verwechseln.

Plato lehrte also einen metaphysischen Dualismus. Er behauptete, dass über diese natürliche Welt hinaus, die in der Philosophie als physische Wirklichkeit oder Immanenz bezeichnet wird, eine zweite über-natürliche Welt existiert, die entsprechend metaphysische Wirklichkeit oder Transzendenz genannt wird.

Diese Auffassung stellte Plato sehr anschaulich im so genannten Höhlengleichnis dar. Wir Menschen in dieser Welt sind vergleichbar mit Menschen, die in einer Höhle gefangen sind und nichts von der Wirklichkeit da draußen wissen. Das einzige, was wir wahrnehmen, sind die Schatten, die in unserer Höhle über die Wand wandern. Aber wir wissen nicht, dass diese Schatten von echten Gegenständen außerhalb unserer Höhle herrühren und durch das Licht von draußen als Schatten in unsere Welt projiziert werden. So halten wir unsere Schattenwelt in der Höhle für die reale Welt und ahnen nicht, dass sie nur ein schlechtes Abbild der bunten Wirklichkeit außerhalb unserer Höhle darstellt.

Mit diesem Gleichnis wollte Plato deutlich machen, dass wir Menschen unsere materielle Welt nicht für die eigentliche Realität halten sollen, denn die eigentliche Welt ist die jenseitige Welt der Ideen. Unsere Welt, unsere Gegenstände und Tische existieren nur, weil sie Anteil haben an der Welt der Ideen – zum Beispiel an der Idee eines Tisches.

Plato lehrte nicht nur einen metaphysischen Dualismus, er lehrte auch einen anthropologischen Dualismus. Das bedeutet, dass auch der Mensch an diesen beiden Welten Anteil hat. Einerseits hat der Mensch einen materiellen Körper, der veränderlich und sterblich ist und also ganz in diese physische Wirklichkeit gehört. Andererseits hat der Mensch eine Seele, die unveränderlich und unsterblich ist und die eigentlich in jener metaphysischen Welt der Ideen zu Hause ist. Als die Seele noch ohne Körper in der jenseitigen Welt war, hat sie dort bereits die Ideen gesehen und wahrgenommen. Dann kam sie in diese materielle Welt und wurde in einen Körper eingeschlossen. Die Erinnerung an die Ideen hat die Seele jedoch mit in diese Welt herübergerettet, so dass schon ein Kind einen Tisch erkennen kann, egal ob er weiß oder rot ist. Trotzdem ist die Seele in dieser materiellen Welt nicht zu Hause, sie lebt gewissermaßen im Exil. Der Körper, in den sie eingeschlossen ist, ist zugleich ihr Gefängnis. Und erst der Tod befreit die Seele aus dieser Gefangenschaft. Sie verlässt den vergänglichen Körper und kehrt in ihre Heimat, die jenseitige Welt der Ideen zurück. Nach Platos Auffassung ist die Seele also ewig, unveränderlich und sogar präexistent, nämlich ohne zeitlichen Anfang.

Diese Eigenschaften gesteht das Neue Testament in Joh 1 ausschließlich Gott und seinem Sohn zu, nicht aber den Menschen: *Im Anfang war das Wort.* Damit ist Jesus Christus gemeint.

Die auffälligen Parallelen zwischen dem platonischen und dem christlichen Weltverständnis haben dazu geführt, dass viele philosophische Inhalte in die christliche Lehre eingedrungen sind. Die Unterscheidung zwischen ewiger, metaphysischer Wirklichkeit und vergänglicher, materieller Welt ähnelt der christlichen Unterscheidung zwischen Himmel und Erde bzw. der zwischen Schöpfer und Geschöpf.

Dennoch gibt es schwerwiegende Unterschiede: Die Schöpfung ist zwar vergänglich, aber sie ist trotzdem gut und wertvoll. Wenn im Mittelalter Lust, Genuss, Humor und Sexualität als Einfallstore der Sünde angeprangert wurden, dann ist das auf eine unterschwellige Leibfeindlichkeit der griechischen Philosophie zurückzuführen.
Bis heute verdient ein Schulleiter mehr als ein Hausmeister und ein Abteilungsleiter mehr als die Reinigungskraft. Geistige Tätigkeit wird also höher bewertet als körperliche Arbeit. Dass die Arbeit im Kopf und der Umgang mit Ideen wertvoller sein sollen als eine schweißtreibende Tätigkeit, bei der man schmutzige Hände bekommt, ist wohl auf die Geringschätzung der materiellen Welt durch die griechische Philosophie zurückzuführen.
Das Alte Testament mit seinen Schöpfungserzählungen und mit seinem Hohelied Salomos, in dem die erotische Liebe besungen wird, ehrt den Leib und die Sinne des Menschen als gute Gabe Gottes. Das Neue Testament, das in Joh 2 als erste Wundertat Jesu die Verwandlung von Wasser in Wein berichtet, damit ein rauschendes Hochzeitsfest nicht in einer peinlichen Blamage endet, würdigt die irdischen Freuden.
Nach biblischer Auffassung ist an dem Menschen nichts ewig und unvergänglich. Das gilt auch für die Seele des Menschen. Ewig und unvergänglich ist allein Gott. Deshalb kann nur er mit dem Menschen über den Tod hinaus im Gespräch bleiben.

2. Auszug

Die Erzväter

Mit Gen 12 beginnt die Geschichte Israels. Hatten die Erzählungen in Gen 1-11 überwiegend mythologischen Charakter, so haben wir es ab Kapitel 12 mit Geschichten zu tun, die auf historische Ereignisse zurückzuführen sind.
Genau hier liegt ein Problem. Auf der einen Seite handelt es sich um Erzählungen, also nicht um Protokolle, die exakt die Ereignisse wiedergeben. Auf der anderen Seite beruhen aber diese Erzählungen auf Begebenheiten, die sich tatsächlich ereignet haben.
Diese Geschichten sind Meisterwerke der Erzählkunst. In jener bildschirmfreien Epoche beherrschten die Menschen die Kunst des Erzählens. Es geht beim Erzählen auch die Deutung des Erzählers in die Geschichte mit ein. Manches wird mit der Zeit ausgeschmückt und verändert.
Es sind also bei den Erzvätergeschichten zwei Ebenen zu unterscheiden: einerseits die historische Ebene, die auf dem beruht, was tatsächlich passiert ist, und andererseits die erzählende Ebene, die deutet und interpretiert.
Wenn man mit den Methoden der Archäologie und der Literaturwissenschaft versucht, die historischen Tatsachen freizulegen, kommt man zu folgendem Ergebnis:
Etwa 1800 Jahre vor Christus gab es vermutlich eine Sippe von Nomaden, die sich um ihr Sippenoberhaupt Abraham sammelte. Von ihm erzählte man sich abends am Lagerfeuer von Generation zu Generation viele Geschichten. Zum Beispiel, dass der Gott Abrahams ihn auserwählt habe, um ihn zu einem großen Volk zu machen; dass sein Gott mit ihm einen

Bund geschlossen habe, dessen sichtbares Zeichen die Beschneidung der männlichen Vorhaut sei; und dass sein Gott ihn zu einem großen Segen vorherbestimmt habe.

In einer anderen Gegend in Israel lebte die Sippe des Sippenoberhauptes Isaak. Auch seine Sippe erzählte sich seit Generationen Geschichten, die Isaak mit seinem Gott erlebt hatte. Vermutlich gab es auch eine Sippe mit einem Oberhaupt namens Jakob. Sie erzählten sich Geschichten, die Jakob mit seinem Gott erlebt hatte; zum Beispiel, dass Jakob von seinem Gott in »Israel« umbenannt wurde.

Im Laufe der Generationen verbanden sich die Geschichten der Abrahamsippe vom Gott Abrahams mit den Geschichten vom Gott Isaaks aus der Isaaksippe. Möglicherweise heiratete eine Frau aus der Isaaksippe einen Mann aus der Abrahamsippe und brachte die Erzählungen mit, die sie in ihrer Sippe kennengelernt hatte.

So wuchsen die Geschichten zusammen. Aus drei ursprünglich selbstständigen Göttern, nämlich dem Gott Abrahams, dem Gott Isaaks und dem Gott Jakobs, wurde im Laufe der Zeit ein Gott, nämlich der Gott Abrahams, Isaaks und Jakobs.

Um Joseph ranken sich eine ganze Reihe von Geschichten, die in Gen 37-50 zusammengestellt sind. Er ließ seine Angehörigen zu sich nach Ägypten übersiedeln, um sie so vor einer Hungersnot zu retten.

Erst in einem mehrere Jahrhunderte währenden Prozess wurden die Geschichten von Abraham, Isaak, Jakob und Joseph in eine Generationenfolge gebracht. Abraham, Isaak und Jakob wurden zu den Erzvätern des jüdischen Volkes.

Auszug und Passah

Die Juden wurden in Ägypten zur Sklavenarbeit gezwungen, doch Mose bekam von Gott den Auftrag, das jüdische Volk aus der Sklaverei in Ägypten zu befreien und in ein eigenes Land zu führen. Dabei rettete Gott sie auf wunderbare Weise vor den Streitmächten der Ägypter, indem er sie unbeschadet das Schilfmeer durchqueren ließ. So wird es in 2. Mose oder Exodus (abgekürzt Ex) 1-12 erzählt. Die Befreiung aus der Knechtschaft und die Rettung am Schilfmeer wurden zum Schlüsselereignis für das jüdische Volk. Das alles geschah etwa 1200 Jahre vor Christus. Die Erinnerung an diese Ereignisse durchzieht das gesamte Alte Testament und die jüdische Geschichte bis heute.
An den Auszug aus Ägypten erinnert das jüdische Passahfest, das jedes Jahr gefeiert wird. Weil der ägyptische Pharao seine jüdischen Sklaven nicht in die Freiheit ziehen lassen wollte, schlug Gott die Ägypter mit verschiedenen Plagen. Die zehnte und letzte Plage war zugleich die schwerste: Jeder Erstgeborene, egal ob Mensch oder Tier, sollte nachts von Gottes Racheengel getötet werden. Gott befahl Mose, sein Volk vor dieser tödlichen Plage zu schützen, indem jede Familie ein Lamm schlachten und mit dem Blut des Lammes die Außenpfosten der Haustür einstreichen sollte. Überall dort, wo der Racheengel dieses Blut sah, würde er vorübergehen, denn dort war der Tod ja bereits eingekehrt.
Während die Ägypter in dieser Nacht bis hin zur Familie des Pharao ihre erstgeborenen Söhne verloren, nutzte das Volk Israel die Schocksituation, um mit dem Einverständnis des betroffenen Herrschers in die Freiheit zu gelangen. Auf diese Flucht hatten sie sich vorbereit. Die Habseligkeiten waren gepackt, das Brot war verstaut: ungesäuertes Brot, das ohne Sauerteig schnell gebacken werden konnte. Doch der Pharao

besann sich und verfolgte mit seinem Heer die fliehenden Israeliten, die plötzlich in der Falle steckten. Im Rücken hatten sie das ägyptische Heer, vor sich das Schilfmeer. Doch auf Gottes Befehl hin teilte Mose das Schilfmeer und das Volk konnte unbeschadet hindurchgehen. Als die ägyptischen Truppen den Israeliten ins Schilfmeer nachsetzen wollten, strömte das Wasser zurück und das ägyptische Heer ertrank in den Wellen.

Seit mehr als 2500 Jahren feiert das jüdische Volk das Passahfest und erinnert sich an die Rettung durch seinen Gott.

Auch Jesus feierte dieses Passahfest mit seinen Jüngern kurz vor seinem Tod. Doch Jesus veränderte die uralten überlieferten Worte. Das ungesäuerte Brot in seiner Hand deutete er nicht mehr auf das ungesäuerte Brot bei der Flucht, sondern auf seinen Leib. *Das ist mein Leib, der für euch geopfert wird.* Und den Wein im Kelch deutete er nicht mehr auf das Blut des Lammes, das an die Türpfosten gestrichen wurde und das die Hausbewohner vor dem Tod rettete, sondern er deutete es auf sich: *Das ist mein Blut, das für euch vergossen wird zur Vergebung eurer Sünden.* Während in den Häusern der Juden das Passahlamm vorbereitet wurde, starb Jesus am Kreuz. Erst jetzt wurde deutlich, dass Jesus durch seinen Tod am Kreuz dem Passahmahl eine ganz neue Bedeutung gab. Jesus ist das wahre Passahlamm, das die Menschen vor Tod und Verderben rettet. Er ist das endgültige Opfer, das die Menschheit ein für alle Male aus der Sklaverei der Vergänglichkeit befreit und in das ewige Reich der Gottesnähe führt. Mit diesem Anspruch gewinnt das ursprünglich jüdische Passahmahl für die Anhänger Jesu eine neue christliche Bedeutung.

Wer also verstehen will, was das Abendmahl in den Gottesdiensten unserer Kirchen bedeutet, der muss die Ursprünge in Ex 12 betrachten.

Mose und der Monotheismus

Ex 3 erzählt, dass Mose in der Wüste einen Dornbusch brennen sah. Mose wurde neugierig, weil der Busch nicht verbrannte. Die Stimme Gottes befahl ihm, die Schuhe auszuziehen.

Was damals tatsächlich geschah, liegt im Dunkeln. Dennoch handelt es sich um eine der zentralen Geschichten des jüdischen Glaubens. Kein anderes Volk der Erde hat je von sich etwas Vergleichbares behauptet: Gott habe selbst seinen Namen preisgegeben. Sein Name ist Jahwe.

Dieser Gottesname wird in der hebräischen Bibel mit den vier Konsonanten JHWH wiedergegeben. Viele Übersetzungen ahmen dieses Tetragramm nach, indem sie es in besonderer Schriftform mit HERR übersetzen. Dieses Tetragramm JHWH wird »Jahwe« ausgesprochen. Gott beauftragte Mose, das Volk Israel aus der Sklaverei in Ägypten zu befreien, aber Mose hatte noch eine Frage:

> Wenn die Israeliten mich fragen: »Wie heißt der Gott, der dich beauftragt hat?« Was soll ich ihnen dann sagen?

Gott antwortete:

> Ich werde sein, der ich sein werde. Der Ich-werde-mit-euch-sein, der hat mich zu euch geschickt: der HERR. Er ist der Gott eurer Vorfahren, der Gott Abrahams, Isaaks und Jakobs.

Es fällt auf, dass der Gott Abrahams, der Gott Isaaks und der Gott Jakobs, die bereits zu einem Gott zusammengewachsen sind, nun wiederum mit einem weiteren Gott identifiziert werden, nämlich mit dem Gott Jahwe.

Dieser Name gilt als besonders heilig, weil Gott selbst diesen Namen offenbart hat. Deshalb wird dieser Name in einem eigenen Gebot geschützt:

Du sollst den Namen Jahwes, deines Gottes, nicht unnütz gebrauchen, denn Jahwe wird den nicht ungestraft lassen, der seinen Namen missbraucht.

Die Tat, die sich mit dem Namen Jahwe verbindet, ist die Befreiung des Volkes Israel aus Ägypten, wie es im ersten Gebot dargestellt wird:

Ich bin Jahwe, dein Gott, der dich aus Ägypten geführt hat.

Diese Rettung des Volkes Israel verbindet Gott mit dem Bund, den er mit seinem Volk schließt. *Ihr sollt mein Volk sein und ich will euer Gott sein.* Dieser Bundesschluss hat Folgen. Gott sucht sich kein anderes Volk. Und das Volk sucht sich keinen anderen Gott. Deshalb endet das erste Gebot folgerichtig:

Du sollst keine anderen Götter haben neben mir.

Dieser Bundesschluss ist mit dem Bund der Ehe durchaus vergleichbar. Wenn ein Mann und eine Frau heiraten, dann hat der Mann eine Frau und die Frau hat einen Mann. Selbstverständlich gibt es auch noch weiterhin andere Frauen und andere Männer. Aber diese anderen Frauen sind nicht »seine Frau«. Und die anderen Männer sind nicht »ihr Mann«. Wenn aber ein Mann ein Verhältnis mit einer anderen Frau beginnt, bricht er den Bund der Ehe. Das Gleiche gilt für die Frau. Dies verbietet das sechste Gebot:

Du sollst nicht ehebrechen.

Wenn nun das erste Gebot sagt:

Du sollst keine anderen Götter haben neben mir,

dann setzt das voraus, dass es auch weiterhin viele andere Götter gibt. Aber diese Götter sollen nicht »mein Gott« werden. Im Alten Testament wird immer wieder erzählt, dass das Volk Israel andere Götter anbetet als Jahwe. Die Propheten

prangern diesen Bundesbruch als Untreue und als Hurerei an.
Das erste Gebot fordert genau genommen keinen Monotheismus, sondern die Monolatrie. Das ist der Fachbegriff für die Verehrung eines Gottes, wobei die Existenz weiterer Götter vorausgesetzt ist.
Erst im Laufe der Jahrhunderte hat sich der jüdische Glaube von der Monolatrie zum Monotheismus weiterentwickelt.
In der nichtjüdischen Umwelt wurden verschiedene Götter verehrt, die unterschiedliche Zuständigkeitsbereiche hatten, z. B. Fruchtbarkeit und Ernte, Fortpflanzung und Nachkommen oder Sieg in Kampf und Krieg. Im Laufe der Zeit setzte sich im jüdischen Volk die Erkenntnis durch, dass alle diese Bereiche nicht von vielen, sondern von einem einzigen Gott beherrscht wurden: Jahwe. Dieser Gott war nicht nur mächtiger als andere Götter, er war allmächtig. Er war nicht nur für die Fruchtbarkeit der Erde zuständig, sondern er hatte die Erde und den Himmel durch sein allmächtiges Wort erschaffen.
Wenn Gott aber allmächtig war und sogar Himmel und Erde geschaffen hatte, dann konnte es in letzter Konsequenz nur einen Gott geben, denn alle anderen Götter mussten dann ja auch durch ihn entstanden sein. Das aber war Unsinn und zugleich der Beginn des Monotheismus. So kam das Volk Israel zu der Einsicht, dass es nur einen Gott geben konnte. Die Götzenverehrung der anderen Völker beruhte auf Unkenntnis.

3. Hiobs Leiden

Die Rahmenerzählung (Hiob 1-2 und 42,10-17)

Hiobsbotschaften kennen wir bis heute. Wenn plötzlich und unerwartet eine katastrophale Nachricht über einen Menschen hereinbricht, sprechen wir von einer Hiobsbotschaft. Was hat Hiob, von dem diese Botschaften ihren Namen haben, eigentlich falsch gemacht? Die erste Antwort lautet: nichts. Hiob hat alles richtig gemacht. Hiob wird uns im gleichnamigen Buch des Alten Testaments als ein vorbildlicher Mensch vorgestellt. Er glaubt an Gott, er tut niemals Unrecht und er liebt seine Familie, seine sieben Söhne und seine drei Töchter. Deshalb hat Gott ihn gesegnet und ihn zum reichsten Mann im ganzen Land gemacht.
Was Hiob nicht weiß: Im Himmel schließen Gott und der Satan eine Wette ab. Der Satan wettet, dass Hiob nur an Gott glaubt, weil Gott ihn beschützt und reich gemacht hat. Nimmt man Hiob seinen Besitz, wird er auch den Glauben an Gott aufgeben.
Was nun passiert, möchte niemand erleben. Innerhalb von Minuten werden alle Kinder Hiobs getötet, seine Angestellten werden ermordet und alle seine Tiere werden gestohlen. Hiobs Reaktion auf diese Katastrophe besteht in einem Satz:

> Der HERR hat's gegeben, der HERR hat's genommen; der Name des HERRN sei gelobt!

Hiob hält an seinem Glauben fest; Gott hat die Wette gewonnen, der Satan hat die Wette verloren.
Trotzdem lässt der Satan nicht locker. Er schiebt eine zweite Wette nach:

Taste seine Gesundheit an, und er wird den Glauben an dich verlieren.

Wieder lässt Gott sich darauf ein. Hiob bekommt ekelige, juckende Geschwüre. Hiobs Frau kann das Elend nicht mehr ertragen:

Hältst du immer noch fest an deiner Frömmigkeit? Sage Gott ab und stirb!

Klare Worte. Doch Hiob lässt sich nicht beirren und antwortet ihr:

Du redest wie die dummen Weiber. Haben wir Gutes empfangen von Gott und sollten das Böse nicht auch annehmen?

Wieder hält Hiob an seinem Glauben fest; wieder hat Gott die Wette gewonnen; wieder hat der Satan die Wette verloren.
Das alles wird in den ersten beiden Kapiteln des Hiobbuches erzählt. Eigentlich könnte man auf die folgenden Kapitel 3 bis 41 verzichten, denn in Hiob 42,10-17 wird das glückliche Ende dieser katastrophalen Geschichte erzählt:

Der HERR wandte das Geschick Hiobs.

Gott gibt Hiob nun doppelt soviel Besitz wie vor der Katastrophe, dazu wieder sieben Söhne und drei Töchter, die die schönsten im ganzen Land waren. Soweit die so genannte Rahmenerzählung des Hiobbuches.
Eine Frage bleibt: Warum müssen gute, ehrliche, vorbildliche Menschen in dieser Welt leiden? Die Antwort der Rahmenerzählung lautet: Gott stellt sie auf die Probe. Wer diese Probe besteht, wird dafür belohnt.

Der Tun-Ergehen-Zusammenhang

Doch das ist nicht die einzige Antwort, die das Buch Hiob bietet. Im Laufe der Jahrhunderte haben andere Autoren weitere Kapitel in die alte Rahmenerzählung eingefügt. Diese späteren Texte erzählen, dass drei Freunde Hiob besuchen, um ihn zu trösten. Sie sitzen sieben Tage und sieben Nächte schweigend neben ihm – aus Mitleid.
Hiob verflucht seine Geburt:

> Warum bin ich nicht bei meiner Geburt gestorben? Wie eine Fehlgeburt, die man verscharrt hat, hätte ich nie gelebt. (Hi 3,11.16)

Seine Freunde dagegen werden in den Kapiteln 4-27 nicht müde, Hiob an eine alte Gesetzmäßigkeit zu erinnern, die auch für Hiob gilt. Sie lautet: Wer Bosheit und Unheil aussät, der wird entsprechende Früchte ernten. Und umgekehrt gilt:

> Ging je ein Mensch zugrunde, der treu und ehrlich war und ohne Schuld? (Hi 4,7)

Natürlich nicht. Heißt konkret: Wer Böses tut, der wird auch die Strafe für dieses Böse empfangen. Und wer Gutes tut, den wird kein Unglück treffen. Immer wieder weisen die drei Freunde auf diesen so genannten Tun-Ergehen-Zusammenhang hin. Aus dem Tun eines Menschen folgt zwangsläufig sein Ergehen. So hat Gott diese Welt in seiner Weisheit eingerichtet. Das ganze Buch der Sprüche Salomos ist voller Lebensregeln für ein glückliches Leben, die auf diesem Tun-Ergehen-Zusammenhang beruhen. Eines der bekanntesten Beispiele ist das Sprichwort aus Spr 26,27:

> Wer anderen eine Grube gräbt, fällt selbst hinein.

Viele Psalmen lehren dieselbe Weisheit: Wer sich an Gottes Regeln hält,

> der gleicht einem Baum, der am Wasser steht; Jahr für Jahr trägt er Frucht. Was immer ein solcher Mensch unternimmt, es gelingt ihm gut. Ganz anders geht es denen, die nicht nach Gott fragen: Sie sind wie Spreu, die der Wind davonbläst. (Ps 1,3-4)

Auf dieser Linie argumentieren die drei Freunde Hiobs. Wenn Hiob ein Unglück getroffen hat, dann muss es sich um die Strafe für eine böse Tat handeln, denn Gott segnet die guten Taten und er straft die bösen. Auf diese Weise erzieht Gott die Menschen:

> Wie glücklich ist der Mensch, den Gott zurechtweist! Wenn er dich jetzt erzieht, lehn dich nicht auf! (Hi 5,17)

Doch Hiob bleibt standhaft; er weiß, dass er unschuldig ist und unschuldig leidet:

> Wo habe ich mich vergangen? Sagt es mir! Ich kann doch Recht und Unrecht unterscheiden! (Hi 6,30)

Das Alte Testament hält an dem Bekenntnis fest, dass Gott Himmel und Erde geschaffen hat. Wenn Gott alles erschaffen hat, dann auch das Leid. Amos 3,6 bringt es auf den Punkt:

> Ist etwa ein Unglück in der Stadt, das der HERR nicht tut?

Diese göttliche Allmacht wird auch am Ende des Hiobbuches in den Reden Gottes aus dem Wettersturm deutlich. Gottes Antwort auf den rebellierenden Hiob lautet:

> Wo warst du, als ich die Erde geschaffen habe? (Hi 38,4)

Hiobs Reaktion in Hi 40,4:

> Siehe, ich bin zu gering, was soll ich antworten? Ich will meine Hand auf meinen Mund legen.

Angesichts von Gottes Allmacht verstummen alle menschlichen Anklagen gegen Gott.

Die Theodizee

Im Buch Hiob geht es also im Kern um die Frage: Warum müssen gute, ehrliche Menschen leiden? Das Leiden des Gerechten dürfte es eigentlich nicht geben. Trotzdem trifft fromme Menschen unaussprechliches Leid. Damit ist der Tun-Ergehen-Zusammenhang, der die Grundlage für die Menschen im Alten Testament bildete, in eine schwere Krise geraten. Das Hiobbuch sucht nach Antworten auf diese Krise.

Die Philosophie hat die Frage nach dem Leid ebenso radikal gestellt: Wenn es Gott gibt, warum gibt es dann überhaupt Leid in der Welt?
Der griechische Philosoph Epikur hat um 300 vor Christus diese Frage auf eine klassische Formel gebracht:

> Entweder will Gott die Übel beseitigen und kann es nicht, oder er kann es, aber will es nicht, oder er kann es nicht und will es nicht, oder er kann es und will es. Wenn Gott die Übel beseitigen will, aber es nicht kann, dann ist er nicht allmächtig. Wenn er es kann, aber nicht will, dann ist er nicht gütig. Wenn er es nicht kann und nicht will, dann ist er nicht Gott. Wenn er es aber kann und will, bleibt die Frage: Woher kommt das Übel?

Der Philosoph Leibniz hat im Jahre 1710 den Versuch unternommen, Gott zu rechtfertigen angesichts einer Welt, die voller Leid ist. Leibniz hat zugleich den Fachbegriff geprägt, der seitdem dieses Problemfeld bezeichnet, nämlich Theodizee, wörtlich übersetzt: Gerechtigkeit Gottes. Leibniz versuchte, den christlichen Gottesglauben, wie er uns in der Bibel überliefert ist, und die menschliche Vernunft zusammenzudenken. Die Vernunft wurde immer selbstständiger und löste sich von kirchlichen Vorgaben. Keine Bibel und keine Kirche hatte der Vernunft vorzuschreiben, was richtig oder gut war. Diese

Emanzipation der Vernunft von der Gängelung durch religiöse Vorgaben bezeichnen wir heute als Epoche der Aufklärung. Leibniz versuchte, christlichen Glauben und kritische Vernunft harmonisch zu versöhnen. Für Leibniz war Gott weiterhin allmächtig, allwissend und gütig. Dieses Gottesbild entsprach völlig der christlichen Tradition. Zugleich gab es unübersehbares Leid in der Welt.

Leibniz löste diesen Widerspruch durch seine Anschauung von der »besten aller möglichen Welten«. Da Gott allwissend ist, musste er schon vor der Erschaffung der Welt eine unendliche Anzahl von möglichen Welten in seinen Ideen haben. Alle möglichen Welten waren bereits vor ihrer Erschaffung als Möglichkeit in den Gedanken Gottes vorhanden. Doch nur eine von diesen unendlichen Möglichkeiten hat Gott auserwählt und Wirklichkeit werden lassen. Es muss also einen Grund geben, weshalb Gott ausgerechnet diese, unsere Welt hat Wirklichkeit werden lassen, und nicht eine andere. Der Grund, so Leibniz, liegt darin, dass unsere real existierende Welt die beste aller möglichen Welten ist. Gott hat in seiner Güte die beste Welt für uns ausgewählt und durch seine Allmacht erschaffen. Gott ist also weiterhin allwissend, allmächtig und gütig. Unter der besten aller möglichen Welten darf man sich aber keine absolut vollkommene Welt vorstellen. Absolut vollkommen ist allein Gott. Wäre die Welt ebenfalls absolut vollkommen, wäre sie ein Gott. Das kann und darf nicht sein. Leibniz bezeichnet diesen qualitativen Unterschied zwischen Gott und Welt als metaphysisches Übel. Diese Welt kann gar nicht vollkommen sein, denn dann wäre sie, dann wären alle Geschöpfe wie Gott. Dieses metaphysische Übel lässt sich nicht beseitigen, denn dann müsste man die ganze Welt beseitigen.

Neben diesem metaphysischen Übel besteht noch ein zweites Übel in der Welt. Leibniz nennt es das physische Übel. Gemeint ist damit Schmerz, Krankheit und Tod. Dieses phy-

sische Übel ist nicht rein negativ zu bewerten, denn es hat als göttliches Erziehungsmittel durchaus eine positive Funktion. Durch Krankheit und Schmerzen werden Menschen oft gebessert und zu nützlichen Handlungen motiviert.
Als dritte Kategorie nennt Leibniz das moralische Übel und meint damit die Sünde und die bösen Taten der Menschen. Auch sie sind gerechtfertigt, weil es ohne das moralisch Böse auch das moralisch Gute nicht geben könnte. Und außerdem ist die Möglichkeit zu sündigen ein untrügliches Kennzeichen für die Entscheidungsfreiheit des Menschen. Diese Freiheit ist allerdings nur eine subjektiv »gefühlte« Freiheit, denn von Gottes allwissender Position heraus steht immer schon fest, wie wir uns im Einzelfall entscheiden werden. Nur so war es möglich, dass Gottes Wahl auf die beste aller möglichen Welten fiel.
Leibniz verrechnet das Leid also in einer Gesamtbilanz, indem er aus göttlicher Perspektive die Welt als Ganze von Anfang bis Ende betrachtet. Und von diesem Standpunkt aus ist diese Welt die beste aller möglichen mit möglichst wenig Leid und möglichst viel Gutem. Jede andere Welt hätte in der Gesamtsumme mehr Leid und weniger Gutes hervorgebracht. So muss man laut Leibniz also das Leid des Einzelnen im Zusammenhang der gesamten Welt sehen. Dann wird man feststellen, dass einige Menschen in dieser Welt zwar schweres Leid trifft, aber in einer Welt, in der diese Menschen weniger zu leiden hätten, würden dafür andere Menschen weit mehr zu leiden haben, so dass im Endeffekt Gott die Welt mit dem geringsten Leid in der Gesamtsumme realisiert habe. Was für das Ganze das Beste ist, ist auch für das Teil und den Einzelnen das Beste.
Spätestens mit dem Erdbeben von Lissabon im Jahre 1755 geriet dieses harmonisierende Weltverständnis ins Wanken. Bei dem Erdbeben, das Leibniz nicht mehr selbst erlebt hat, kamen weit über dreißigtausend Menschen ums Leben.

Angesichts von Völkermorden, Tsunamis und Pandemien erscheint die Rede von einer besten aller möglichen Welten als zynisch.
Für alle, die an keinen Gott glauben, ist das Leid in der Welt ein klarer Beweis dafür, dass es keinen Gott gibt. Bereits Georg Büchner hat in seinem Drama »Dantons Tod« das Leid als »Fels des Atheismus« bezeichnet.
Die jüdischen Gläubigen haben nach dem Holocaust um ihren Glauben und um ihr Gottesbild gerungen. Der jüdische Philosoph Hans Jonas gelangt in seinem Buch »Der Gottesbegriff nach Auschwitz« zu dem Ergebnis: Die Überzeugung, dass Gott allmächtig sei, ist aufzugeben, denn *nicht, weil er nicht wollte, sondern weil er nicht konnte, griff er nicht ein.*
Auch der christliche Glaube hat keine endgültige Antwort auf die Theodizeefrage. Bei ihm ist jedoch zentral, dass nach christlicher Auffassung Gott dem Leid nicht teilnahmslos gegenübersteht. Im leidenden und gekreuzigten Jesus von Nazareth hat Gott das Leid am eigenen Leib erfahren. Er wird der Bruder aller leidenden Menschen. Und er macht Hoffnung auf einen neuen Himmel und eine neue Erde ohne Leid, Tränen und Tod.
Zusammenfassend noch einmal die dargestellten Antwortmöglichkeiten auf die Theodizeefrage:

1. Der Satan verursacht das Leid.
2. Gott stellt den gläubigen Menschen auf die Probe.
3. Das Leid ist eine Strafe.
4. Das Leid dient zur Erziehung.
5. Diese Welt ist trotz allen Leides die beste aller möglichen.
6. Es gibt gar keinen Gott.
7. Gott ist nicht allmächtig.
8. Gott leidet selbst in Jesus.

Trotz allem – die Theodizeefrage bleibt offen.

4. Die Evangelien

Die Entstehung der Evangelien

Jesus hat keine Zeile aufgeschrieben. Er hat kein Werk für die Nachwelt hinterlassen. Er hat schlicht vom Reich Gottes und von Gott als Vater erzählt, bis er gekreuzigt wurde. Damit ist die Geschichte des Jesus von Nazareth zu Ende. Eigentlich. Sicher ist, dass er den Jüngern nach seinem Tod als Auferstandener begegnet ist. Nach der Kreuzigung waren die Jünger ängstlich und enttäuscht. Für sie war die Sache Jesu gescheitert. Aber nach der Begegnung mit dem Auferstandenen verkündigten sie Jesus als auferstandenen Herrn der Welt. Weil Jesus den Tod nun ein für alle Male überwunden hat, deshalb ist er für immer lebendig und gegenwärtig. Für diese feste Überzeugung wurden die Jünger sogar zu Märtyrern. Die Auferstehung bildete sozusagen den Urknall des Christentums. Doch irgendwann hörten die Erscheinungen des Auferstandenen auf.

Trotzdem schrieb noch immer niemand etwas auf, denn alle Christen erwarteten, dass der auferstandene Herr bald wiederkommen würde. Wenn er sein Reich und seine Herrschaft sichtbar auf der Erde aufrichten wird, dann wird das das Ende der Welt sein.

Diese Wiederkunft hatte Jesus seinen Jüngern selbst angekündigt. Auf diese Wiederkunft warteten sie. Doch sie blieb aus. Bis heute ist das so. Im Glaubensbekenntnis wird diese Erwartung wachgehalten:

> Er sitzt zur Rechten Gottes; von dort wird er kommen zu richten die Lebenden und die Toten.

Für die ersten Christen bedeutete das eine schwere Krise, denn die Jünger und die ersten Augenzeugen starben. Dass Jesus auferstanden ist, dass er für immer und ewig der Herr der Welt ist und dass er wiederkommen wird, alles das stand für die Christen weiterhin fest. Aber weil die Augenzeugen starben, waren die Christen gezwungen aufzuschreiben, was von Jesus erzählt und verkündigt wurde, damit es für die Nachwelt aufbewahrt blieb, bis Jesus am Ende der Zeiten wiederkommt.

Also sammelten schriftgelehrte Christen die Geschichten und Predigten, die in den christlichen Gemeinden erzählt wurden, und schrieben sie auf.

Markus war vermutlich der erste, der diese verschiedenen aufgeschriebenen Geschichten zu einem Buch zusammenfasste. Er nannte es »Evangelium«, auf Deutsch: gute Nachricht.

Ganz wichtig ist die Intention dieser Schriften. Die Geschichten und Predigten sind nicht etwa aus der Sicht eines Zeitungsjournalisten verfasst worden, der einen möglichst objektiven Bericht über den Tathergang abgeben will. Die Evangelien verfolgen ein anderes Ziel. Sie sind aus der Sicht von Menschen geschrieben, die glauben, dass Jesus Christus auferstanden ist und dass er als ewiger Herr der Welt einst sichtbar wiederkommen wird. Kurz gesagt: Die Evangelien wollen beim Leser Glauben an den Auferstandenen wecken. Mit diesem Ziel werden auch Geschichten erzählt, die sich historisch vielleicht nicht so zugetragen haben.

Markus hat sein Evangelium vermutlich um 70 nach Christus verfasst. Das heißt, Markus hat etwa 40 Jahre nach dem Tod Jesu angefangen, die einzelnen Geschichten zu sammeln und in seinem Evangelium zu einem Buch zu verbinden. Vierzig Jahre sind eine lange Zeit. In diesen Jahren sind die Überlieferungen sicherlich auch verändert worden. Aus dem geschichtlichen Jesus von Nazareth, so wie er tatsächlich war, als er gelebt hat, ist in dieser Zwischenzeit der verkündigte Christus, Retter und Erlöser geworden. Das kann verständlicherweise leicht zu Übertreibungen und Legendenbildungen führen, denn die Verfasser betrachteten die Ereignisse aus dem Leben Jesu immer schon durch die Brille der Auferstehung. Sie konnten also gar nicht mehr objektiv über das Leben Jesu vor seiner Auferstehung berichten, weil sie ja immer schon wussten: Das sagte und tat der, der nach seinem Tod von Gott zum ewigen Leben auferweckt worden ist.

Die Zwei-Quellen-Theorie

In der Bibelwissenschaft geht man zur Zeit von der Zwei-Quellen-Theorie aus. Vor fünfhundert Jahren sah man das noch völlig anders, denn die historische Erforschung der biblischen Schriften begann erst vor etwa 250 Jahren. Und es ist durchaus möglich, dass man in 500 Jahren unsere heutigen Erklärungsversuche zur Entstehung der Evangelien belächelt. Trotzdem spricht viel für die folgende Theorie.

Wenn man auf einen großen Schreibtisch vier Bibeln nebeneinander legt, in der ersten Bibel das Matthäusevangelium aufschlägt, in der zweiten Bibel das Markusevangelium, in der dritten Lukas, in der vierten Johannes und wenn man dann alle vier Bibeln gleichzeitig Seite für Seite und Kapitel für Kapitel umblättert, dann stellt man Folgendes fest:

Es gibt Abschnitte, die tauchen in allen vier Evangelien auf, zum Beispiel die Passionsgeschichte mit der Kreuzigung Jesu.

Der Grund ist, dass diese Geschichten vermutlich als erste aufgeschrieben wurden und weit verbreitet waren, weil sie von Gemeinde zu Gemeinde weitergegeben wurden.

Es gibt Abschnitte, die tauchen zum Teil wortwörtlich bei

Matthäus, Markus und Lukas auf, aber nicht bei Johannes. Deshalb nennt man diese drei ersten Evangelien auch die synoptischen Evangelien.
Bei genauerem Hinsehen stellt man fest, dass das Markusevangelium für Matthäus und Lukas vermutlich als schriftliche Vorlage gedient hat. Matthäus und Lukas haben zwar jeweils unabhängig voneinander ihre Evangelien verfasst. Beide hatten jedoch bei ihrer Arbeit ein Markusevangelium zur Verfügung, aus dem sie Geschichten übernommen und zum Teil verändert haben.
Dann gibt es Abschnitte, die wieder zum Teil wörtlich übereinstimmen, aber nur bei Matthäus und Lukas auftauchen, jedoch nicht bei Markus oder bei Johannes. Dazu gehören zum Beispiel die Seligpreisungen.
Diese wörtlichen Übereinstimmungen zwischen Matthäus und Lukas kommen vermutlich dadurch zustande, dass diese beiden eine schriftliche Quelle mit Jesusworten zur Verfügung hatten. Diese Schrift wird von den Bibelwissenschaftlern etwas einfallslos als Quelle »Q« bezeichnet.
Und dann gibt es Geschichten, die sich nur im Matthäusevangelium finden, zum Beispiel die Geschichte von den Weisen aus dem Morgenland. Hierbei handelt es sich um Sondergut des Matthäus, das nur ihm zur Verfügung stand.
Und es gibt Geschichten, die sich ausschließlich bei Lukas finden, zum Beispiel die Erzählung vom verlorenen Sohn. Diese Texte gehören zum Sondergut des Lukas. Er ist bei den Recherchen für sein Evangelium auf diese Geschichten gestoßen.
Die Evangelisten sahen ihre Aufgabe also nicht darin, selbst Geschichten über Jesus aufzuschreiben oder gar zu erfinden, sondern ihre Hauptaufgabe war es, die vorhandenen Geschichten, Überlieferungen und Predigten zu sammeln und in ihrem Evangelium sinnvoll miteinander zu verbinden.

Die Sturmstillung im synoptischen Vergleich

Matthäus, Markus und Lukas kennen die Geschichte von der Stillung des Sturms, Johannes nicht. Wenn wir die drei synoptischen Evangelien an dieser Stelle genauer untersuchen und einen synoptischen Vergleich durchführen, stoßen wir auf einige interessante Auffälligkeiten.

Dass alle drei Geschichten zum Teil wörtlich übereinstimmen, liegt daran, dass Matthäus und Lukas die Markusfassung als Vorlage benutzt haben.

Markus erzählt in Mk 4,35-41, dass Jesus mit seinen Jüngern über den See Genezareth fährt. Ein schwerer Sturm kommt auf, die Wellen schwappen herein, das Boot droht unterzugehen. Jesus liegt währenddessen hinten auf einem Kissen und schläft. Mitten im Sturm wecken ihn seine Jünger. Jesus wacht auf und bedroht den Wind mit den Worten: *Schweig und verstumme!* Der Wind legt sich, es wird still. Jesus fragt seine Jünger: *Warum seid ihr so furchtsam? Habt ihr noch keinen Glauben?* Daraufhin geraten die Jünger in große Furcht und fragen sich untereinander: *Wer ist das? Sogar der Wind und der See gehorchen ihm.*

Diese Geschichte soll mehr deutlich machen als die Tatsache, dass Jesus unglaubliche Wunder tun kann. Für Markus besteht die Hauptaussage darin, dass die Jünger nicht wissen, wer Jesus ist. Deshalb haben sie Angst. Diese Ahnungslosigkeit der Jünger ist der rote Faden, den Markus bei der Zusammenstellung seines Evangeliums eingewoben hat.

Lukas übernimmt die Markusvorlage ohne bedeutende Änderungen.

Matthäus dagegen verändert absichtlich diese Geschichte, um seine eigene theologische Aussage deutlich zu machen.

Matthäus mildert den Unglauben der Jünger ab in einen Kleinglauben. Zur Zeit des Matthäus sind die Jünger längst zu Aposteln geworden, die mit Ehrfurcht zu behandeln sind. Am Ende der Geschichte sind nicht etwa die Jünger ahnungslos, sondern die Menschen herum.

Für Matthäus ist der Glaube viel wichtiger als das Wunder. Deshalb verändert er die Handlungsfolge und stellt Jesu Glaubensfrage vor das Wunder. Während also der Wind heult und die Wellen ins Boot schlagen, führt Jesus mit seinen Jüngern ein theologisches Fachgespräch über die Bedeutung des Glaubens in Krisensituationen.

All das ist im wirklichen Leben eher unwahrscheinlich, in der Fassung des Matthäus macht es aber durchaus Sinn, denn Matthäus ändert auch den Zusammenhang, in den er diese Geschichte stellt. Im Markusevangelium geht der Sturmstillung ein Gleichnis Jesu voraus. Matthäus ändert diesen Zusammenhang und stellt der Sturmstillung Worte über den Ernst der Nachfolge voran, in denen deutlich wird: Wer Jesus nachfolgen will, hat kein Zuhause mehr; Jesus bedingungslos nachzufolgen ist sogar wichtiger als seinen eigenen Vater zu beerdigen.

Deshalb ändert Matthäus die Markusvorlage, indem er ausdrücklich schreibt: *Seine Jünger folgten ihm nach.*

Damit bezieht Matthäus die Aussage dieser Geschichte auf alle, die Jesus nachfolgen wollen, also auf die Christen in der Kirche. Das Schiff im Sturm wird zur Kirche in der Verfolgung. Die Jünger im Schiff werden zur Gemeinde. Der Hilferuf der Markusvorlage *Meister, kümmert es dich nicht* wird zu einem Kyrie-Ruf, der aus der Liturgie des Gottesdienstes stammt. Den Sturm ändert Matthäus mit dem griechischen Begriff »seismos« in ein endzeitliches Erdbeben, wie er es auch bei der Auferstehung Jesu verwendet. Den See ändert Matthäus mit dem griechischen Begriff »thalassos« in ein endzeitliches Chaos-Wasser, das eigentlich erst mit dem neuen Himmel und der neuen Erde als endgültig überwunden gilt, denn in Offenbarung 21,1 heißt es: *Das Meer ist nicht mehr.*

Matthäus stellt in seiner Version Jesus als den Herrn dar, dem alle Macht gegeben ist, auch die über den Kosmos.

Vier Evangelien und vier Deutungen Jesu

Es ist wichtig festzuhalten, dass die Evangelien kein einheitliches Jesusbild bieten. Jedes Evangelium deutet die Person Jesu individuell.

Markus stellt das Messiasgeheimnis in den Mittelpunkt. Das bedeutet, dass Jesus zwar der erwartete Retter ist, dass er aber nur von seiner Kreuzigung her richtig verstanden wird. Wer Jesus aus seinen Predigten und Wundern heraus verstehen will, der missversteht ihn und macht aus ihm einen Supermann oder Übermenschen. Markus macht deutlich: Der Messias muss leiden und sterben. Auf diese unerwartete Weise rettet er die Welt. Deshalb betont Markus in seinem Evangelium immer wieder, dass die Jünger Jesu nichts verstehen. Dieses Jüngerunverständnis hat Markus absichtlich betont, um deutlich zu machen: Nicht einmal die Jünger begreifen, wer Jesus ist. Das ist erst nach der Kreuzigung möglich. Ausgerechnet ein römischer Hauptmann erkennt und bekennt, nachdem Jesus am Kreuz gestorben ist: *Wahrlich, dieser ist Gottes Sohn gewesen.* Für Markus ist es erst von diesem Augenblick an möglich, Jesus richtig zu verstehen.

Matthäus setzt sich in seinem Evangelium mit den Juden und dem Alten Testament auseinander. Deshalb tauchen bei ihm immer wieder Geschichten auf, die zeigen sollen: *Dies ist geschehen, damit erfüllt würde, was im Alten Testament vorausgesagt ist.*

Matthäus stellt Jesus in der Bergpredigt als einen neuen Mose dar, der wie Mose auf einen Berg steigt und eine neue Lehre verkündet. Er stellt Jesus über die Gesetze des Mose und des

Alten Testaments, wenn er sagt: *Ich aber sage euch.*
Lukas sieht in allem Gott als Lenker der Weltgeschichte am Werk. Selbst Kaiser Augustus in Rom wird von Gott dazu benutzt, den Messias in Bethlehem zur Welt kommen zu lassen. Für Lukas geht diese Geschichte weiter, deshalb hat er seinem Evangelium über das Leben Jesu ein zweites Buch zur Seite gestellt, die Apostelgeschichte. Hier stellt Lukas dar, wie der christliche Glaube sich über die Grenzen Israels hinaus ausbreitet bis nach Europa. Er macht deutlich, dass der Jude Saulus die neue christliche Sekte radikal ausrotten will. Aber der auferstandene Jesus überwältigt diesen Christenverfolger und macht ihn zu seinem Boten. Aus Saulus wird Paulus, der erste global player, der die christliche Botschaft in alle Welt verbreiten will und der dafür nun selbst verfolgt und schließlich hingerichtet wird.
Johannes setzt sich in seinem Evangelium mit Gedanken und Inhalten der damaligen griechischen Philosophie auseinander. Für ihn ist Jesus der göttliche Logos der griechischen Philosophen. Jesus ist das göttliche Wesen, das vor aller Zeit bei Gott in Ewigkeit war und nun in Jesus Fleisch und Blut geworden ist.
Der aufmerksame Bibelleser, der die Evangelien sorgfältig vergleicht, wird viele Unterschiede entdecken. Diese Unterschiede machen deutlich, dass die Gestalt Jesu so überwältigend und vielseitig war und ist, dass sie nicht auf einen Satz oder Nenner gebracht werden kann.
Das bedeutet für den heutigen Leser die Freiheit und zugleich die Aufgabe, selbst herauszufinden, wer Jesus war und ist. Die Vierzahl der Evangelien und die Vielfalt des Neuen Testaments bewahrt uns vor übereilten eindimensionalen Festlegungen und vor endgültigen Antworten.
Zugleich gibt es viele Punkte, in denen alle vier Evangelien übereinstimmen:

Jesus wurde getauft und hat Jünger um sich gesammelt. Er hat vom Reich Gottes gepredigt und Wunder getan. Er hat sich mit den Ausgestoßenen und den Verachteten an einen Tisch gesetzt. Weil er den Kult im Tempel empfindlich störte, hat er den Hass der jüdischen Priester auf sich gezogen. Er wurde verurteilt und gekreuzigt. Und schließlich ist es eine unumstößliche Tatsache, dass die Jünger und die ersten Christen auftraten und erzählten, der Gekreuzigte sei auferstanden und ihnen begegnet. Für diesen Glauben haben sich seine Anhänger verfolgen und töten lassen.

All diese Punkte sind historisch gut bezeugt, so dass wir heute davon ausgehen können, dass es sich tatsächlich so zugetragen hat.

Die Evangelisten haben darüber hinaus ihre Interpretation in ihr Evangelium einfließen lassen.

Das führte im Laufe der Zeit dazu, dass auch Evangelien entstanden, denen die historische Glaubwürdigkeit vollkommen gleichgültig war. Sie bedienten sich bei allen umlaufenden Legenden, die sich um das Wunderkind Jesus rankten und stellen es als Wundertäter dar.

Das Kindheitsevangelium des Thomas erzählt zum Beispiel:

> Als Jesus fünf Jahre alt war und wieder einmal durchs Dorf ging, kam ein Junge gelaufen und rempelte ihn an der Schulter an. Jesus wurde wütend und sagte: »Du sollst deinen Weg nicht weiter gehen!« Sofort fiel der Junge um und war tot. Einige Leute, die das mit angesehen hatten, wunderten sich: »Woher kommt dieses Kind nur? Jedes seiner Worte wird ja sofort Wirklichkeit!«

Wer möchte solche Geschichten im Neuen Testament haben? Diese so genannten apokryphen Evangelien sind zum Glück von den Kirchenvätern nicht in das Neue Testament übernommen worden.

Deutungen des Todes Jesu

Der Tod Jesu war für seine Jünger eine Katastrophe. Seine Reden über das kommende Reich Gottes und seine Wunder, die sie miterlebt hatten, waren mit einem Schlag vergessen. Jesus war auf blamable Weise getötet worden. Damit war die von ihm ausgelöste Bewegung gescheitert und am Ende. Entsprechend enttäuscht müssen die Jünger sich gefühlt haben. Doch nach drei Tagen begegnete ihnen Jesus als der Auferstandene. Plötzlich war alles anders. Die Geschichte Jesu ging weiter. Jesus hatte den Tod besiegt. Er hatte den Tod ein für alle Male hinter sich und hatte bereits Anteil an dem Leben der ewigen, himmlischen Welt.

Jetzt setzte bei den Jüngern ein neues Nachdenken ein. Die Sache Jesu war also gar nicht gescheitert, sondern Gott selbst hatte den Kreuzigungstod Jesu gewollt und vorherbestimmt. Damit stellte sich für die Jünger eine neue zentrale Frage. Warum musste Jesus am Kreuz sterben? Zweitausend Jahre später scheint die Antwort einfach und klar zu sein: Jesus starb für unsere Sünden. Doch für die Jünger damals war das längst nicht so klar und eindeutig. Und bei genauerem Hinsehen ist es das auch heute nicht. Die ersten Christen suchten gemeinsam nach Antworten. Im Alten Testament fanden sie Texte, die ihnen halfen, den Tod Jesu zu deuten. Doch diese Deutungen waren sehr unterschiedlich. So setzte unter den Christen ein Nachdenken darüber ein, wie der Tod Jesu zu interpretieren sei.

Folgende Deutungsmöglichkeiten bietet das Alte Testament.

1. Der leidende Gottesknecht

In Jesaja 53,4-5 wird von Gottes Knecht erzählt:

> Er hat die Krankheiten auf sich genommen, die für uns bestimmt waren, und er hat die Schmerzen erlitten, die wir verdient hatten.

Wir meinten, Gott habe ihn gestraft und geschlagen; doch wegen unserer Schuld wurde er gequält und wegen unseres Ungehorsams geschlagen. Die Strafe für unsere Schuld traf ihn und wir sind gerettet. Er wurde verwundet und wir sind heil geworden. Ihm hat der HERR unsere ganze Schuld aufgeladen.

Dieser Knecht Gottes ist unschuldig, wird aber stellvertretend für seine Mitmenschen gefoltert und nimmt dadurch ihre Schuld auf sich. Für die ersten Christen lag es nahe, dieses stellvertretende Leiden des Gottesknechtes auf die Kreuzigung Jesu zu beziehen.

2. Der Sündenbock

In 3. Mose 16,15-21 befiehlt Gott, wie der Priester am Versöhnungstag zwei Sündenböcke zu opfern hat.

Zuerst schlachtet er den Ziegenbock, der als Sühneopfer für die Schuld des Volkes bestimmt ist. Danach bringt er den zweiten Ziegenbock herbei. Er legt seine beiden Hände auf den Kopf des Bockes und spricht über ihm alle Verfehlungen aus, durch die sich die Leute von Israel schuldig gemacht haben. So legt er alle Sünden des Volkes dem Bock auf den Kopf und lässt dann das Tier durch einen dazu bestellten Mann in die Wüste jagen. Der Bock trägt alle diese Sünden weg und bringt sie in eine unbewohnte Gegend.

Bezieht man diese Verse auf Jesu Tod, so ist Jesus der Sündenbock, der die Sünde der Menschen wegträgt und die Menschen auf diese Weise von ihrer Schuld befreit.
Das Johannesevangelium legte Johannes dem Täufer diese Deutung in den Mund, denn in Joh 1,29 sagt er im Blick auf Jesus: *Das ist Gottes Lamm, das die Sünde der Welt trägt.*

3. Das Passahlamm

Zur Erinnerung an den Auszug aus Ägypten feiert das Volk Israel jedes Jahr das Passahfest, bei dem jede Familie ein ei-

genes Passahlamm schlachtet und verzehrt. In Ex 12 wird beschrieben, wie das Blut dieses Lammes an die Türpfosten gestrichen wird. Dieses Blut schützt die Bewohner des Hauses vor dem Todesengel und bewahrt den ältesten Sohn vor dem Tod.
Die Passionsgeschichten der Evangelien stimmen darin überein, dass Jesus am Passahfest gekreuzigt wurde. Er ist das neue, wahre Passahlamm, das getötet wird. Das Passahlamm hat damals in Ägypten Menschen vor dem Tod bewahrt und die Befreiung aus der Sklaverei ermöglicht. Auf Jesus bezogen heißt das: Er ist das wahre Passahlamm und rettet vor dem Tod und vor anderen gottfeindlichen Mächten, die den Menschen knechten. Von Vergebung der Sünden ist im Zusammenhang mit dem Passahlamm keine Rede.

4. Der vom Vater dahingegebene Sohn

In Gen 22 wird erzählt, dass Abraham von Gott den Befehl erhält, seinen einzigen Sohn zu schlachten. Abraham gehorcht. Erst in letzter Sekunde, als Abraham gerade mit dem Messer auf Isaak einstechen will, hält Gott ihn zurück.
Joh 3,16 knüpft an diese Geschichte an und überträgt sie auf Gott:

> Gott hat die Menschen so sehr geliebt, dass er seinen einzigen Sohn hergab, damit alle, die an ihn glauben, nicht verloren gehen, sondern ewig leben.

Gott ist wie Abraham bereit, alles zu geben und nichts zurückzubehalten. Aber anders als bei Abraham opfert Gott seinen Sohn nicht aus Gehorsam, sondern aus Liebe zu den Menschen. Gottes Liebe ist – wie Abrahams Gehorsam – bedingungslos und total. Mit dem Unterschied, dass diesmal niemand den Tod des Sohnes verhindert. Auf diesem Hintergrund macht Jesu Tod am Kreuz die Liebe Gottes zu den Menschen deutlich, die noch größer ist als die Liebe zu seinem einzigen Sohn.

5. Die Besiegelung des Bundes

Jeder Bundesschluss im Alten Testament wird mit Blut besiegelt.

Noah baute beim Bundesschluss nach der Sintflut einen Altar und opferte Tiere als Brandopfer. Abraham zerteilte beim Bundesschluss eine Kuh, eine Ziege und einen Widder in der Mitte. Mose opferte laut Ex 24,4-8 mehrere junge Stiere, goss einen Teil des Blutes in ein Becken und besprengte mit diesem *Blut des Bundes* das Volk Israel. Auf diese Weise besiegelte er den Bund am Sinai.

Die Einsetzungsworte Jesu beim Abendmahl, wie sie in 1. Korinther 11,25 überliefert werden, nehmen dieses Motiv auf:

> Dieser Becher ist Gottes neuer Bund, der durch mein Blut in Kraft gesetzt wird.

Der alte Bund vom Sinai, den Gott mit seinem Volk Israel schloss, wird abgelöst durch den neuen Bund, den Gott mit allen Menschen schließt und durch Jesu Blut besiegelt.

Religiöse Gruppen zur Zeit Jesu

Jesus musste sich mit den verschiedenen religiösen und politischen Gruppierungen seiner Zeit auseinandersetzen. Ein Überblick hilft, die Hintergründe besser zu verstehen.

Die ***Römer*** hatten Israel eingenommen und Besatzungstruppen im Land stationiert. Als Besatzer waren sie den Juden natürlich verhasst. Die Steuern, die sie von den Juden eintrie-

ben, schürten diesen Hass. Hinzu kam die heidnische Religion der Römer.
Das Recht, Todesurteile zu fällen, hatten die Römer den jüdischen Behörden entzogen und an sich gerissen. Das ist der Grund, weshalb Jesus auf römische Weise durch Kreuzigung hingerichtet wurde, und nicht auf jüdische Weise durch Steinigung.
Zur Zeit Jesu gab es zwar einen jüdischen König im Land, doch der wurde von den Römern eingesetzt und galt als Marionette der Besatzer. Die oberste jüdische Behörde war der Hohe Rat. Er bestand aus 71 Männern. Den Vorsitz hatte der Hohepriester. Die Römer hatten die weltliche Vollmacht des Rates eingeschränkt, duldeten jedoch seine Autorität in religiösen Entscheidungen.
Der Hohe Rat verurteilte Jesus aus religiösen Gründen zum Tode, weil er sich als Sohn Gottes bezeichnete und damit Gotteslästerung beging. Da nur die Römer Todesurteile vollstrecken durften, für sie aber Gotteslästerung kein todeswürdiges Verbrechen war, musste der Hohe Rat ihnen eine politische Anklage Jesu vorlegen, die auch die Römer mit dem Tod bestrafen würden. Deshalb wurde Jesus als »König der Juden« verurteilt, denn diese Anklage erfüllte den Tatbestand des politischen Aufruhrs.

Die ***Sadduzäer*** bildeten zur Zeit Jesu eine jüdische Religionspartei, der die vornehmen Priestergeschlechter angehörten. Sie waren auf Ausgleich mit den Römern bedacht, um dem jüdischen Volk den letzten Rest politischer Selbstbestimmung zu erhalten. Ihr wichtigstes Interesse galt dem Tempelkult und dem Gottesdienst. Sie waren zu Kompromissen mit der römischen Besatzungsmacht bereit, damit sie ungestört ihre Religion ausüben konnten. Nichts fürchteten sie so sehr wie eine Störung des politischen Gleichgewichts. Sie hielten Jesus für gefährlich, weil er dieses empfindliche Gleichgewicht störte, denn er zog immer mehr Menschen auf seine Seite und legte damit den Keim für einen möglichen Aufruhr. Spätestens seit der so genannten Tempelreinigung war Jesus für sie zu einer ernsthaften Bedrohung geworden.

Die ***Pharisäer***, auf Deutsch »Abgesonderte«, setzten sich mit leidenschaftlichem Eifer für die genaue Einhaltung der alttestamentlichen Gesetze ein. Bis in die Kleinigkeiten des alltäglichen Lebens hinein befolgten sie die kultischen Reinheitsgebote und Waschungen. Sie hielten Jesus für gefährlich, weil er zum Beispiel durch seine Heilungen am Sabbat das von Gott gegebene Gesetz brach. Er missachtete die kultische Reinheit durch seinen Umgang mit Heiden, Prostituierten und Kranken, die nach jüdischem Verständnis als unrein galten.

Die jüdische Partei der ***Zeloten***, auf Deutsch »Eiferer«, verweigerte aus religiösen Gründen die Unterwerfung unter die heidnische Römerherrschaft und lehnte es ab, den Römern Steuern zu zahlen. Sie erwarteten ein nationalistisches Reich unter einem neuen David. Dabei schreckten sie auch vor gewalttätigen Aktionen nicht zurück und brachten Römer um. Laut Mt 10,4 gehörte einer dieser Zeloten zum Kreis der zwölf Jünger Jesu, nämlich Simon der Zelot.

5. Jesus Christus

Der Sohn Gottes

Jesus ist der Sohn Gottes. So sagt es das Neue Testament. Was bedeutet das?

Im Alten Testament heißt es in Psalm 2,7: *Du bist mein lieber Sohn, heute habe ich dich gezeugt.*

Dieser Satz hat folgenden Hintergrund:

Wenn in Israel ein neuer König den Thron bestieg, dann galt dieser neue König als von Gott in sein neues Amt eingesetzt. Der König wurde also nicht vom Volk demokratisch gewählt, sondern galt als von Gott auserwählt. Das geschah mit diesem Satz: *Du bist mein lieber Sohn.* Sohn Gottes ist im Alten Testament also eine Amtsbezeichnung für den König. Niemand wird diesen Satz im Sinne einer körperlichen Abstammung von Gott verstanden haben. Das macht der Nachsatz deutlich: *Heute habe ich dich gezeugt.* Heute, am Tag der göttlichen Amtseinsetzung, wird die Person zum König. Heute wird ihr durch diesen Akt der Titel »Sohn Gottes« übertragen. Gestern war diese Person das noch nicht. Das Wort »heute« schließt also eine leibliche Abstammung von Gott eindeutig aus. Das klingt plausibel, und das ist es auch.

Aber es ist überraschend, dass uns im Markusevangelium das gleiche Verständnis begegnet. Es ist kein Zufall, dass im Markusevangelium bei der Taufe Jesu die Stimme vom Himmel Ps 2,7 zitiert: *Du bist mein lieber Sohn.*

Markus geht also davon aus, dass Jesus noch nicht der Sohn Gottes war, als er zur Taufe kam. Erst durch die Taufe wird Jesus von Gott in das Amt des Sohnes Gottes eingesetzt. Erst jetzt kommt der Geist Gottes in Symbolgestalt einer Taube auf

Jesus herab. Jesus ist im Markusevangelium nicht der leibliche Sohn Gottes. Deshalb beginnt der Bericht über das Leben Jesu im Markusevangelium mit der Taufe Jesu. Jesu Leben vor der Taufe ist für Markus nicht wichtig. Entsprechend finden wir im Markusevangelium keine Informationen über die jungfräuliche Geburt Jesu oder seine Kindheit.

Im Matthäusevangelium ist das anders. Wenn wir davon ausgehen, dass Matthäus das Markusevangelium als Vorlage benutzt hat, dann hat er eine kleine, aber auffällige Veränderung vorgenommen.

Matthäus verändert die Markusvorlage und schreibt: *Dies ist mein lieber Sohn.* Durch diese Veränderung wird aus der Adoption Jesu bei Markus eine Präsentation Jesu bei Matthäus. Durch den Satz *Dies ist mein Sohn* wird Jesus als der Sohn Gottes den Umstehenden bei der Taufe vorgestellt. Jesus ist also nach der Auffassung des Matthäus bereits vor der Taufe der leibliche Sohn Gottes. Das ist auch völlig folgerichtig, denn Matthäus erzählt vorher, dass Jesus von der Jungfrau Maria geboren wird. Also ist Gott der leibliche Vater Jesu.

Das Johannesevangelium teilt die Auffassung, dass Jesus der leibliche Sohn Gottes ist. Für Johannes beginnt diese Gottessohnschaft Jesu jedoch nicht erst mit der Zeugung durch den Heiligen Geist, sondern bereits vor aller Zeit. Johannes verlagert die Existenz des Sohnes Gottes in die Ewigkeit. Diese Existenz in der Ewigkeit bei Gott vor aller Zeit wird als Präexistenz bezeichnet. Der Sohn Gottes war schon immer bei Gott, und Gott war niemals ohne ihn. Weihnachten ist für das Johannesevangelium die Fleischwerdung des Gottessohnes, das bedeutet, dass der ewige, präexistente Sohn Gottes ein Mensch aus Fleisch und Blut wird, nämlich Jesus von Nazareth.

Insgesamt wird deutlich: Der Titel Sohn Gottes hat eine Entwicklung durchgemacht. Deshalb lässt diese Bezeichnung unterschiedliche Deutungen zu.

Die Jungfrauengeburt

Geboren von der Jungfrau Maria, so bekennen Christen Sonntag für Sonntag ihren Glauben.
Eine Jungfrauengeburt ist ein göttliches Wunder, denn normalerweise hat jedes Kind einen biologischen Vater und eine biologische Mutter.
Im Markusevangelium wird nirgendwo erzählt, dass Jesus von einer Jungfrau geboren wurde. Dieser Befund ist beunruhigend. Warum erzählt Markus nichts über die Jungfrauengeburt? Es gibt verschiedene Möglichkeiten.
Jesus wurde zwar von einer Jungfrau geboren, aber Markus hat es nicht gewusst. Das ist sehr unwahrscheinlich.
Markus hat es zwar gewusst und kannte auch die Geschichten über die Jungfrauengeburt, aber er hat sie absichtlich weggelassen. Das ist noch unwahrscheinlicher.
Sehr wahrscheinlich ist es dagegen, dass Markus nichts von einer Jungfrauengeburt wusste, weil es diese Geschichten über die Geburt Jesu noch gar nicht gab.
Für die Jünger Jesu war nach der Kreuzigung Jesu die Begegnung mit dem Auferstandenen das entscheidende Erlebnis. Jetzt war ihnen klar, dass Jesus der angekündigte Gesandte Gottes ist. Aber erst jetzt. Diesen Glauben haben sie weitererzählt. Für diese Überzeugung haben sie sich sogar umbringen lassen. Die Umstände der Geburt Jesu waren für die Jünger zu diesem Zeitpunkt noch völlig unwichtig. Das alles lag ja mehr als dreißig Jahre zurück. Erst lange nach der Auferstehung Jesu wurden auch seine Geburtsumstände interessant. Wie ist dieser besondere Mensch eigentlich auf die Welt gekommen? Kann es sein, dass der Retter der Welt geboren wird wie jeder andere Mensch auch?
Markus geht noch davon aus. Es ist also anzunehmen, dass die Geburt Jesu ganz normal verlief. In den Evangelien wird

an keiner Stelle darauf hingewiesen, dass der umherwandernde, predigende und heilende Jesus von irgendwem identifiziert wurde, etwa in der Art: »Du bist doch der mit den Engeln an der Krippe und den Magiern aus dem Morgenland und dem Stern über dem Stall.«
Dieses Schweigen der Evangelien sagt mehr als viele Worte. Es bedeutet, dass die jungfräuliche Geburt Jesu erst viele Jahre nach seiner Auferstehung wichtig wurde. Aber warum?
Im Alten Testament heißt es in Jesaja 7,14: *Siehe, eine junge Frau ist schwanger und wird einen Sohn gebären, den wird sie Immanuel nennen.* Im hebräischen Urtext steht das Wort »betula«, das auf Deutsch »junge Frau« bedeutet.
In der griechischen Übersetzung des Alten Testaments, der Septuaginta, wird dieses Wort mit »parthenos« wiedergegeben. Das aber bedeutet eindeutig Jungfrau, also eine Frau, die noch nicht mit einem Mann geschlafen hat.
Dieses Verständnis setzte sich unter den griechisch sprechenden Christen und ihren Landsleuten durch. Wie können nun die Christen ihre kritischen Zuhörer davon überzeugen, dass Jesus der angekündigte Retter ist? Sie müssen beweisen, dass die alttestamentliche Verheißung – und zwar in der Fassung der griechischen Septuaginta – durch die Geburt Jesu in Erfüllung gegangen ist. Genau das geschieht durch die Erzählungen von der Jungfrauengeburt.
Im ursprünglichen hebräischen Alten Testament steht aber weiterhin »junge Frau« und nicht »Jungfrau«.

Der Sohn Davids

Daraus folgt: Joseph ist sehr wahrscheinlich der leibliche Vater Jesu. Warum sonst sollten sich die ersten Christen die Mühe gemacht haben, ausführliche Stammbäume Jesu zu er-

stellen, die nachweisen sollten, dass Joseph ein Nachkomme Abrahams und König Davids war? Diese Stammbäume im Matthäus- und Lukasevangelium machen nur Sinn, wenn Joseph der leibliche Vater Jesu war.
Dass Jesus ein Nachkomme Davids war, spielt für die Menschen zur Zeit Jesu eine wichtige Rolle. In 2. Samuel 7,12-13 verspricht Gott dem König David einen leiblichen Nachkommen, dessen Königtum ewig sein wird. Gott wird die Herrschaft Davids und seiner Nachkommen für alle Zeiten bestätigen. Die Stammbäume weisen Jesus als Nachkommen Davids aus und belegen damit: Durch Jesus wird dieses göttliche Versprechen erfüllt. Deshalb wird Jesus im Matthäusevangelium wiederholt von Menschen mit dem Titel »Sohn Davids« angesprochen.

Bethlehem

Dieser Sohn Davids muss in der Stadt Davids zur Welt kommen, nämlich in Bethlehem, denn so sagt es eine alte Verheißung voraus. Im Alten Testament wird in Micha 5,1 prophezeit:

> Und du, Bethlehem Efrata, die du klein bist unter den Städten in Juda, aus dir soll mir der kommen, der in Israel Herr sei, dessen Ausgang von Anfang und von Ewigkeit gewesen ist.

Die ersten Jünger waren durch die Begegnung mit dem Auferstandenen ohnehin felsenfest davon überzeugt, dass Jesus der versprochene Retter ist. Sein Geburtsort spielte für ihren Glauben überhaupt keine Rolle.
Dasselbe gilt für das Markusevangelium. Hier taucht der Name Bethlehem überhaupt nicht auf. Entweder weiß Markus nicht, wo Jesus zur Welt gekommen ist, oder es ist ihm gleichgültig. Vermutlich beides.

Matthäus und Lukas dagegen legen großen Wert darauf, dass Jesus in Bethlehem zur Welt gekommen ist. Denn auf diese Weise können sie kritischen und gebildeten Zeitgenossen beweisen, dass Jesus derjenige ist, der in Micha 5,1 angekündigt wird.
Dass Matthäus und Lukas von Dingen berichten, die sie selbst nicht mehr nachprüfen konnten, wird deutlich an der Frage, wo denn der Heimatort von Joseph und Maria war.
Lukas lässt Joseph und Maria trotz Schwangerschaft wegen einer Volkszählung von Nazareth nach Bethlehem reisen, wo Maria in einem Stall Jesus zur Welt bringt. Joseph und Maria sind also eigentlich in Nazareth zu Hause.
Matthäus dagegen erzählt nichts von einer Reise. Über die Geburt berichtet Mt 1,25 lediglich:

> Josef berührte sie nicht, bis sie einen Sohn gebar; und er gab ihm den Namen Jesus.

Von einer Reise ist auch weiterhin keine Rede. Erst aus der Nachricht, dass die Weisen aus dem Morgenland nach Bethlehem kommen, erfährt der Leser, wo die Geburt stattgefunden hat. Da Maria und Joseph nicht verreisen, geht Matthäus davon aus, dass Maria und Joseph in Bethlehem wohnen. Das erklärt auch, warum die drei Weisen den neugeborenen Retter nicht in einem Stall antreffen, sondern in einem Haus, in das sie laut Mt 2,11 hineingehen. Der Grund: Matthäus ist der Auffassung, dass Maria und Joseph in Bethlehem wohnen, und zwar in einem Haus. Aber aus Angst vor der Verfolgung durch Herodes flieht die junge Familie auf Befehl eines Engels über Ägypten nach Nazareth.
Bethlehem als Geburtsort Jesu hat also vorwiegend Bedeutung für die Verkündigung der ersten Christen. Historisch ist es eher wahrscheinlich, dass Jesus in Nazareth zur Welt kam.

6. Letzte Dinge

Das Reich Gottes

Eschatologie ist der theologische Fachbegriff für die Lehre von den letzten Dingen. Sie beschäftigt sich mit dem Ende dieser Welt, dem Jüngsten Gericht, der Apokalypse und Gottes neuer Welt. Jesus selbst hat nie diesen Fachbegriff benutzt. Er erzählte den Menschen vom Reich Gottes. Dieses Reich Gottes war der Kern seiner Botschaft. Es zieht sich wie ein roter Faden durch seine Reden. Im Markusevangelium lautet der erste Satz Jesu: *Das Reich Gottes ist nahe herbeigekommen.* So fassen Markus und später Matthäus die Botschaft Jesu zusammen.

Was ist unter diesem Reich Gottes zu verstehen? Wörtlich müsste man es mit »Königsherrschaft Gottes« übersetzen. Damit ist gemeint, dass Gott sichtbar seine Herrschaft antritt, denn er ist der Herr und König dieser Welt. Alle Menschen und Mächte, die bisher in der Welt geherrscht haben, werden von Gott abgesetzt. Alle lebensfeindlichen Strukturen wie Krankheit und Tod, Sünde und Streit, Ungerechtigkeit und Unterdrückung werden entmachtet. Gott selbst übernimmt die Regierung, und zwar sichtbar für alle Menschen. Dadurch wird die Welt heil im umfassenden Sinn. Menschen werden nicht mehr krank und sterben nicht mehr. Sie hören auf, Böses zu tun. Alle Konflikte werden beigelegt, weil sich die Gegner miteinander versöhnen. Arme und Benachteiligte werden gleichberechtigt, und alle Menschen haben Anteil an einer Welt voller Frieden und Nächstenliebe.

Jesu Worte und Taten müssen auf dem Hintergrund dieses kommenden Reiches Gottes interpretiert werden.

Die Wunder Jesu

Das gilt in besonderer Weise für die Wunder Jesu. Diese Wundertaten hatten in erster Linie die Funktion, den tatsächlichen Anbruch des Gottesreiches konkret erfahrbar zu machen. Wenn Jesus vom nahen Reich Gottes sprach, dann werden schon zu seiner Zeit die Zuhörer daran gezweifelt haben. Die Römer waren im Land und unterdrückten das Volk mit brutaler Gewalt. Arme und Kranke wurden ausgegrenzt und benachteiligt. Das Leben war oft eine Qual. Von einer göttlichen Herrschaft war nichts zu spüren.

Die Wunder Jesu hatten die Funktion, diese Zweifel zu widerlegen. Wo Jesus auftrat, geschahen Wunder. Er heilte Gelähmte, so dass sie wieder laufen konnten. Er machte Leprakranke gesund. Er machte Blinde sehend und konnte sogar Tote wieder zum Leben erwecken. Wo Jesus auftrat, wurde das Reich Gottes sichtbar und erlebbar. Jesus brachte das Reich Gottes zu den Menschen. Wer in seine Nähe kam, konnte die heilende Wirkung der göttlichen Herrschaft spüren.

Hier lag zugleich die Einschränkung. Das Reich Gottes brach zwar mit der Person Jesu an, aber es blieb auf ihn beschränkt. Jesus heilte zwar einen Blinden, aber er heilte nicht alle Blinden in Israel. Er konnte einen Gelähmten wieder gesund machen, aber es gab weiterhin gelähmte und kranke Menschen auf der Welt. Die Wunder Jesu waren also ein Hinweis darauf, dass Gottes Herrschaft jetzt anbrach. Aber sie wurde nur im Umfeld Jesu sichtbar. Jesus verwandelte nicht mit einem Schlag die ganze Welt in Gottes Reich. Diese endgültige Durchsetzung der göttlichen Herrschaft stand noch aus. Aber in Jesu Taten wurde deutlich, dass Gottes Herrschaft bereits begonnen hatte.

Viele hatten mehr erwartet. Selbst Johannes der Täufer zweifelte. Er saß unschuldig im Gefängnis, denn die Römer unterdrückten weiterhin das jüdische Volk. Unter der Herrschaft Gottes hatte er sich etwas anderes vorgestellt. So ließ er Jesus fragen, ob er wirklich derjenige wäre, der Gottes Reich auf die Erde bringen würde, oder ob man besser auf jemand anderen warten sollte. Jesus antwortete in Mt 11,5 mit dem Hinweis auf seine Wundertaten:

> Blinde sehen, Lahme gehen, Aussätzige werden rein und Taube hören, Tote stehen auf und Armen wird das Evangelium gepredigt.

Die Gleichnisse

Der Mensch kennt sich aus in der Welt des Menschen. Er kann säen und ernten, fischen und Brot backen. Aber er kennt sich nicht aus in der Welt Gottes, denn dort ist er noch nie gewesen. Nur Gott kennt die Geheimnisse der himmlischen Welt. Wie können Menschen etwas über jene göttliche Wirklichkeit erfahren, die ihnen verschlossen ist und zu der sie keinen Zugang haben? Jesus spricht deshalb zu den Menschen in Gleichnissen. Er vergleicht das Reich Gottes mit einem Senfkorn oder mit einem Schatz im Acker. Er nimmt Beispiele aus dem alltäglichen Leben und macht an ihnen deutlich, wie es in Gottes Welt zugeht.

Gleichnisse sind also sprachliche Bilder. Das Reich Gottes ist kein Senfkorn, aber an einem Punkt sind beide vergleichbar: Ein Senfkorn ist sehr klein und leicht zu übersehen, trotzdem wächst aus ihm ein sehr großer, beeindruckender Baum. In diesem Gegensatz von klein und groß liegt der Vergleichspunkt zwischen Senfkorn und Reich Gottes, denn auch das Reich Gottes beginnt klein und ist leicht zu übersehen. Selbst Johannes der Täufer übersieht den unscheinbaren Anbruch des Gottesreiches, der in Jesu Wundern beginnt. Das Reich

Gottes beginnt ganz klein, aber es wird einmal die ganze Welt in Gottes sichtbare Herrschaft verwandeln.
Jedes Gleichnis besteht also einerseits aus einer Bildhälfte, die alltägliche und bekannte Begebenheiten aufnimmt, und andererseits aus einer Sachhälfte, in der etwas über das Reich Gottes deutlich gemacht wird. Das Reich Gottes ist mindestens so wertvoll wie ein Schatz im Acker, deshalb lohnt es sich, alles aufzugeben, um an diesem Reich Gottes Anteil zu bekommen.
Doch irgendwann kommt der Tag, an dem Gottes Herrschaft mit einem Schlag für alle sichtbar anbrechen und diese Welt verwandeln wird. Dieser Jüngste Tag wird so genannt, weil nach ihm keine irdischen Tage mehr kommen werden.

> Die Sonne wird sich verfinstern und der Mond wird nicht mehr scheinen, die Sterne werden vom Himmel fallen und die Ordnung des Himmels wird zusammenbrechen. Dann wird der Menschensohn für alle sichtbar am Himmel erscheinen. Dies ist das Zeichen, dass das Ende da ist. (Mt 24,29)

Dieser Tag des Gerichts kommt wie ein Dieb in der Nacht. Alle Menschen werden von ihm überrascht werden, weil niemand weiß, wann das sein wird. An diesem Tag wird der Menschensohn über alle Menschen auf Erden Gericht halten. Er wird auf einem Thron sitzen und die Menschen in gute und böse trennen, so wie ein Hirte seine Herde trennt in Schafe und männliche Böcke.
Am Ende wird Gott alles neu machen. Er wird einen neuen Himmel und eine neue Erde schaffen und Gott wird unter den Menschen wohnen. In jener neuen Welt wird es keine Krankheiten, keine Leiden und keinen Tod mehr geben.

> Gott wird abwischen alle Tränen von ihren Augen. Es wird keinen Tod mehr geben und keine Traurigkeit, keine Klage und keine Quälerei. Was einmal war, ist für immer vorbei. (Offbg 21,4-5)

Diese endgültige Herrschaft Gottes in der neuen, heilen Welt liegt noch in der Zukunft, ebenso die Verwandlung dieser alten, leidvollen Welt im Jüngsten Gericht. Deshalb spricht man im Blick auf diese zukünftigen Ereignisse von futurischer Eschatologie.
Jesus hat mit seinen Wundern bereits den Anfang gemacht. Das Reich Gottes ist mit seinem Kommen in diese Welt schon angebrochen. Deshalb spricht man in diesem Zusammenhang von präsentischer Eschatologie.
Das Reich Gottes hat zwar schon begonnen und für die Glaubenden ist es in Jesus bereits erfahrbar, zugleich steht aber die für alle sichtbare Durchsetzung des Reiches Gottes in einer Welt ohne Leid und Tod noch aus. Diese Gleichzeitigkeit von »schon jetzt« und »noch nicht« wird in der Theologie als eschatologischer Vorbehalt bezeichnet.

Der Messias

Nach der Begegnung mit dem Auferstandenen stellte sich für Jesu Anhänger eine neue Frage: Wer ist Jesus von Nazareth? Jesus war schon zu seinen Lebzeiten ein besonderer Mensch. Das machten seine Wunder deutlich und seine Reden, in denen er vom Reich Gottes erzählte und Gott als »Vater im Himmel« bezeichnete.
Doch die Auferstehung sprengte jeden bekannten Rahmen. Deshalb suchten die ersten Christen nach so genannten »christologischen Hoheitstiteln«, also nach Begriffen, die das Wesen Jesu einigermaßen erfassen konnten und die auch für die Umwelt verständlich waren.
Sie bezeichneten Jesus als Messias. Dieser Begriff stammt aus dem Hebräischen und bedeutet »Gesalbter«. Auf Griechisch heißt er »Christus«. Zur Zeit des Alten Testaments wurden

zum Beispiel Könige durch einen Priester gesalbt und auf diese Weise in ihr Amt eingesetzt. Im Laufe der Jahrhunderte hat sich die Bedeutung dieser Bezeichnung weiterentwickelt und mit unterschiedlichen Erwartungen verknüpft.
Zur Zeit Jesu warteten viele Juden auf den kommenden Messias. Diese Messiaserwartung teilte sich in zwei unterschiedliche Richtungen.
Die Einen erwarteten einen politischen und militärisch mächtigen Messias, der die Römer aus dem Land warf und Israel wieder zu einer machtpolitischen Blüte führen sollte, so wie sie unter König David um 1000 vor Christus geherrscht hatte.
Die Anderen warteten auf einen endzeitlichen, überirdischen Messias, der das Ende dieser Welt mit ihrer sündigen Weltordnung brachte und der ein neues, ewiges Friedensreich bringen würde, in dem es keinen Krieg, Leid und Tod mehr gab. Diese Vorstellung einer neuen Welt unter Gottes Herrschaft bezeichneten sie als »Reich Gottes«.
Einige von ihnen erwarteten einen kosmischen Endkampf zwischen Gut und Böse, bei dem die alte Welt untergehen und die neue entstehen würde. Diese Vorstellung wird als Apokalypse bezeichnet.
Jesus teilte einerseits diese apokalyptische Vorstellung zum Teil. Das zeigen seine Reden über die Endzeit in Mk 13. Jesus war davon überzeugt, dass das Ende unmittelbar bevorstand:

> Einige von euch, die jetzt hier stehen, werden noch zu ihren Lebzeiten sehen, wie Gottes Herrschaft machtvoll aufgerichtet wird. (Mk 9,1)

Andererseits war Jesus der Überzeugung, dass bereits mit seinem Wirken das Reich Gottes anbrach.
Diese beiden widersprüchlichen Messiaserwartungen konnten leicht dazu führen, dass Jesus von seinen Zeitgenossen

missverstanden wurde. Die Zeloten zum Beispiel erwarteten einen militärischen Messias, doch diese Hoffnung wurde durch Jesu gewaltloses Auftreten enttäuscht. Um solche Missverständnisse zu vermeiden, hat Jesus sich selbst vermutlich nicht als Messias bezeichnet.

Der Menschensohn

Wahrscheinlich hat er von sich als »der Menschensohn« gesprochen, und zwar immer in der dritten Person.
Auch dieser Titel ist doppeldeutig, denn zum einen ist jeder Mann ein Menschensohn, also der Sohn eines Menschen. Deshalb konnte niemand Jesus zum Vorwurf machen, dass er sich selbst als Menschensohn bezeichnete.
Zum anderen spielt diese Bezeichnung aber in Daniel 7,13-14 eine wichtige Rolle beim Ende der Welt:

> Danach sah ich in meiner Vision einen, der aussah wie der Sohn eines Menschen. Er kam mit den Wolken heran und wurde vor den Thron des Uralten geführt. Der verlieh ihm Macht, Ehre und Herrschaft, und die Menschen aller Nationen, Völker und Sprachen unterwarfen sich ihm. Seine Macht ist ewig und unvergänglich, seine Herrschaft wird niemals aufhören.

Im Laufe der Zeit gelangten die ersten Christen zu der Erkenntnis, dass in Jesus Gott selbst Mensch geworden war. Aus diesem Grunde bezeichneten sie Jesus als Kyrios. Wir geben es auf Deutsch mit »Herr« wieder, doch ursprünglich ist Kyrios die griechische Übersetzung des hebräischen Gottesnamens Jahwe. Das bedeutet, der Gott des Alten Testaments kommt in Jesus auf die Erde.

7. Paulus

Von Saulus zu Paulus

Paulus bezeichnet sich in 1. Kor 15,8 als Missgeburt. Er meint damit jedoch keine körperliche Fehlbildung, sondern die Tatsache, dass er nicht zum Kreis der Jünger Jesu gehört hat. Paulus ist Jesus vor dessen Kreuzigung und Auferstehung niemals begegnet. Stattdessen war er einer der eifrigsten Verfolger der neuen Sekte der Christen. Er hat sie konsequent bekämpft. Das hängt mit seiner Herkunft zusammen.

Die Apostelgeschichte bezeichnet ihn vor seiner Bekehrung als Saulus. Saulus war Jude und ist im jüdischen Glauben aufgewachsen. Als Pharisäer nahm er die Erfüllung der göttlichen Gebote sehr ernst. Zugleich war er vom griechischen Denken seiner Zeit geprägt. Er sprach und schrieb Griechisch und war mit der damaligen hellenistischen Kultur vertraut. Darüber hinaus besaß er die römische Staatbürgerschaft, die ihm grundlegende Rechte im ganzen Römischen Reich sicherte. Sie ermöglichte ihm am Ende seines Lebens, einen Gerichtsprozess nach römischem Recht einzufordern.

Als schriftgelehrter Pharisäer kannte er sich im Alten Testament und in den jüdischen Gesetzen hervorragend aus. Er war fest davon überzeugt, dass die Erfüllung der göttlichen Gebote die einzige Möglichkeit war, ein Leben zu führen, das Gott gefiel. Mit großem Eifer lebte er nach diesen Geboten. Und mit dem gleichen Eifer verfolgte er jene Sekte, die behauptete, Gott habe durch Jesus Christus den Menschen einen neuen Weg gezeigt und zur Bestätigung habe Gott diesen Jesus von den Toten auferweckt.

Als die Mitglieder des jüdischen Rates einen Christen namens

Stephanus zu Tode steinigten, sah Saulus laut Apg 8,1-3 zu und war mit dieser Hinrichtung vollkommen einverstanden. Er versuchte, die christliche Gemeinde zu vernichten, indem er Hausdurchsuchungen durchführte und die Christen ins Gefängnis werfen ließ. Saulus hatte vor, seinen Tätigkeitsbereich auf die Stadt Damaskus auszudehnen. Auf dem Weg dorthin – so wird in Apg 9 berichtet – warf ihn die Begegnung mit dem Auferstandenen zu Boden. Er sah ein Licht vom Himmel, das so strahlend war, dass er für drei Tage erblindete. Gleichzeitig hörte er die Stimme des Auferstandenen: *Ich bin Jesus, den du verfolgst.* Durch dieses Ereignis wandelte sich der Christenverfolger Saulus zum Christen Paulus, der von nun an selbst für seinen Glauben verfolgt und verprügelt wurde.

Von den Juden zu den Heiden

Diese Begegnung des Christenverfolgers mit dem auferstandenen Christus hatte Auswirkungen auf den weiteren Verlauf der Weltgeschichte. Paulus, der Jude, war nun gezwungen, seine jüdische Religion neu zu interpretieren. Die Verkündigung der Christen hatte sich als wahr erwiesen, das hatte er am eigenen Leibe erfahren. Gott hatte Jesus von den Toten auferweckt und dadurch seinem Volk einen neuen Weg gezeigt. Nun stellte sich die Frage, welche Rolle der alte jüdische Weg spielte. Für den Pharisäer Paulus spitzte sich die Frage zu: Welche Bedeutung hat jetzt noch die Einhaltung des göttlichen Gesetzes?
Am Beispiel der Beschneidung wurde dieses Problem dringlich und konkret. Das jüdische Gesetz befahl die Beschneidung der Vorhaut bei jedem männlichen Juden. Wenn ein Jude sich zum christlichen Glauben bekehrte, dann bekannte

er diesen Glauben und ließ sich taufen. Die ersten christlichen Gemeinden bestanden aus Juden, die zum Christentum übergetreten waren und deshalb als Judenchristen bezeichnet wurden. Es ist leicht nachvollziehbar, dass diese ersten Gemeinden von Andersgläubigen als jüdische Sekte betrachtet wurden.
Das Hauptproblem des Paulus bestand in der Frage: Was passiert, wenn sich ein Nicht-Jude taufen lassen möchte, um Christ zu werden? Muss dieser Mensch das jüdische Gesetz befolgen und sich vor der Taufe beschneiden lassen?
Was uns als abseitige Frage erscheint, war die bis heute folgenreichste Grundentscheidung des Christentums. Hätten damals die ersten Christen beschlossen: Christ werden kann nur, wer sich vorher beschneiden lässt – das Christentum wäre eine jüdische Sekte geblieben und bald in der Bedeutungslosigkeit versunken. Apg 15 lässt noch den schwierigen Entscheidungsprozess ahnen, der schließlich zu einem einmütigen Ergebnis führt. Nicht-Juden können sich ohne Beschneidung taufen lassen. Das bedeutet, sie können zur christlichen Gemeinde gehören, ohne das jüdische Gesetz zu befolgen.
Paulus war in der griechischen Kultur zu Hause. Er nutzte seine Fähigkeiten und machte sich auf die Reise, um die christliche Botschaft unter den griechisch sprechenden Menschen zu verbreiten. Er reiste zum Beispiel nach Thessalonich, Korinth und nach Ephesus, in die heutige Türkei und nach Griechenland. Überall, wo seine Botschaft auf Glauben stieß und Menschen sich taufen ließen, gründete Paulus christliche Gemeinden. Ihre Mitglieder bezeichnete man im Gegensatz zu den Judenchristen als Heidenchristen.
Paulus legte großen Wert darauf, auf seinen Reisen finanziell unabhängig zu sein. Er war von Beruf Zeltmacher, also eine Art Mobil-Tischler, und verdiente auf diese Weise seinen Lebensunterhalt. Außerhalb der Arbeit suchte er die Märkte und

Versammlungsstätten der Menschen auf und predigte. Wenn seine Worte bei einigen Menschen auf Zustimmung und Glauben trafen, entstand eine Gemeinde. Paulus teilte ihnen die wichtigsten Inhalte des Glaubens mit, dann setzte er seine Reise fort.
Es ist verständlich, dass die heidenchristlichen Gemeindeglieder viele Fragen hatten. Paulus war nur kurze Zeit bei ihnen gewesen, dann war er schon wieder weitergezogen. Die Gemeinden blieben mit ihren Fragen allein zurück. Im Laufe der Zeit entstanden – wie in jeder Gemeinschaft – Probleme und Konflikte. Da Paulus aber fast ständig auf Missionsreise war, konnte er nicht vor Ort in den Gemeinden sein. In dringenden Fragen und bei heftigen Konflikten wandte sich Paulus schriftlich an die Gemeinden. Diese Briefe wurden vielfach abgeschrieben, von Gemeinde zu Gemeinde weitergereicht und bei Gemeindeversammlungen vorgelesen.
Ausgerechnet diesen Gemeinden, in denen eine Menge falsch lief, ist es zu verdanken, dass wir heute Briefe von Paulus besitzen, nämlich im Neuen Testament.

Unter der Sünde oder in Christus

Paulus war Judenchrist. Er kannte sich als schriftgelehrter Pharisäer im jüdischen Gesetz aus und folgerte: Was für das Beschneidungsgebot galt, das musste folgerichtig für alle Gebote des Alten Testamentes gelten. Sie hatten ihre heilbringende Bedeutung verloren. Wenn ein Mensch durch die strikte Einhaltung des jüdischen Gesetzes sein Gottesverhältnis tatsächlich in Ordnung bringen könnte, dann wäre es gar nicht nötig gewesen, dass der Sohn Gottes ein Mensch wird, am Kreuz stirbt und am dritten Tag auferweckt wird. Paulus stellte fest, dass die göttlichen Gebote im Alten Testament zwar eine überragende Rolle spielen, aber nirgendwo wurde erzählt, dass die Menschen Gottes Gebot tatsächlich gehalten hätten. Stattdessen wurde nur ermahnt, gedroht und bestraft, und zwar von Adam an. Paulus zog aus dieser Erkenntnis die Konsequenz: Gottes Gesetz ist zwar gut, aber der Mensch ist nicht in der Lage, sich daran zu halten, weil er von einer Macht beherrscht wird, die ihn dazu bringt, gegen Gottes Willen zu verstoßen. Diese Macht bezeichnete Paulus als Sünde. Das niederschmetternde Ergebnis dieser Überlegungen war, dass kein Mensch durch sein Handeln vor Gott in Ordnung kommen konnte. War der Mensch überhaupt noch zu retten?

Die Antwort fand Paulus in der Kreuzigung und der Auferstehung Jesu. Der Mensch kann sich aus dem Herrschaftsbereich der Sünde nicht selbst befreien, er kann nur befreit werden. Durch die Kreuzigung wird Christus getötet. Dasselbe passiert mit einem Menschen, der an Christus glaubt und getauft wird; er wird durch das Wasser ersäuft und stirbt. Durch die Auferweckung hat Christus den Tod überwunden; dasselbe passiert mit dem Täufling, der aus dem Wasser auftaucht. Er bekommt ein neues Leben geschenkt, und zwar unter dem Herrschaftsbereich Christi. Er lebt fortan in Christus.

Dieser Herrschaftswechsel wird nur durch Christus ermöglicht. Kein Mensch kann sich aus eigenen Kräften von der Herrschaft der Sünde befreien.

Die Herrschaftsbereiche gleichen unterschiedlichen Staaten mit unterschiedlichen Gesetzen. Wird zum Beispiel in Deutschland ein Autofahrer bei der Fahrzeugkontrolle mit einer kleinen Menge Rauschgift im Handschuhfach erwischt, bekommt er – je nach Menge – eine Geldstrafe. Wird derselbe Autofahrer mit der gleichen Menge Rauschgift in Indonesien erwischt, muss er im schlimmsten Fall mit der Todesstrafe rechnen. Aus der Untersuchungshaft und von der

Todesstrafe kann er sich nicht selbst befreien. Die deutsche Regierung kann sich aber für ihn als Inhaber der deutschen Staatsbürgerschaft einsetzen. Bei dem Staatsgesetz und bei der Staatsbürgerschaft handelt es sich wie bei der Sünde und dem Leben in Christus nicht um materielle, sondern um geistige Wirklichkeiten und Mächte.
Drei Dinge sind also für Paulus zentral: erstens die Kreuzigung und Auferstehung Jesu; zweitens der Glaube, der sich Gottes Gnade schenken lässt, statt auf eigene Leistungen zu pochen, die er durch die Befolgung des Gesetzes selbst erarbeitet hat; und drittens das neue Leben in Christus, das Paulus als Existenz in einem neuen Herrschaftsbereich versteht.
An diese Kernaussagen des Paulus hat Martin Luther später angeknüpft.

Paulus und die Frauen

Paulus war nicht verheiratet. In 1. Kor 7,7 schreibt er ausdrücklich: *Es wäre mir lieber, wenn alle ehelos lebten wie ich.* Aber um Unzucht und sexuelle Verirrungen zu vermeiden, gestand er seinen Gemeindegliedern ein Leben in Ehe und Familie zu. Paulus rechnete mit der nahen Wiederkunft Christi. Deshalb ermahnt er in 1. Kor 7,29 sogar die Verheirateten: *Auch wer verheiratet ist, muss innerlich so frei sein, als wäre er unverheiratet.*
Paulus erwartet im Gottesdienst von den Frauen, dass sie ihren Kopf verhüllen und ein Kopftuch tragen. Er schreibt in 1. Kor 11,5: *Eine Frau, die im öffentlichen Gottesdienst betet, entehrt sich selbst, wenn sie dabei ihren Kopf nicht bedeckt.* Die Konsequenzen einer wortwörtlichen fundamentalistischen Interpretation dieses Satzes kann sich jeder selbst ausmalen. Paulus geht in 1. Kor 14,33-35 noch weiter:

> Wie es bei allen christlichen Gemeinden üblich ist, sollen die Frauen in euren Versammlungen schweigen. Sie dürfen nicht lehren, sondern sollen sich unterordnen, wie es auch das Gesetz vorschreibt. Wenn sie etwas wissen wollen, sollen sie zu Hause ihren Ehemann fragen.

Das bedeutet zum Beispiel konkret, dass Frauen keine Pastorinnen werden dürfen. Aber warum eigentlich nicht? Für die Evangelien ist es selbstverständlich, dass zum Kreis der Jünger Jesu auch Jüngerinnen gehörten. So berichten die Evangelien übereinstimmend, dass es diese Frauen waren, die am Ostermorgen zum Grab Jesu gingen und dort dem Auferstandenen begegneten. Es wäre absurd, wenn die Frauen von dieser Begegnung nichts weitererzählt hätten.
An diesen Punkten wird deutlich, dass es eine Bereicherung und Befreiung sein kann, wenn man biblische Texte in ihrem geschichtlichen Zusammenhang betrachtet. Solange man die Entstehungsbedingungen der Texte und die Lebenssituation der damaligen Menschen im Blick behält, wird niemand zu einer fundamentalistischen Umsetzung damaliger Verhaltensregeln gezwungen. Statt die damaligen Aussagen wortwörtlich auf die heutigen gesellschaftlichen Verhältnisse anzuwenden, wird es möglich, sich auf die Inhalte zu konzentrieren, die der Verbreitung der Botschaft von Jesus Christus dienen. Was ist dagegen einzuwenden, dass Frauen zu Pastorinnen ordiniert werden, wenn es der Verkündigung Jesu Christi dient?

8. Alte Kirche und Mittelalter

Christenverfolgungen

Im Juli 64 nach Christus vernichtete ein Großbrand weite Teile Roms. Hartnäckig hielt sich das Gerücht, Kaiser Nero selbst habe diesen Brand angeordnet, um Platz für neue Prunkbauten zu schaffen. Der Kaiser versuchte, den Christen die Schuld in die Schuhe zu schieben. Er ließ Christen verhaften, in Tierfelle einnähen und in der Arena ausgehungerten Hunden vorwerfen. Andere wurden in den Gärten Neros gekreuzigt und nachts angezündet, um den Garten zu erleuchten. Die Christen waren in den ersten Jahren immer wieder gelegentlichen Verfolgungsaktionen ausgeliefert. Für die Christen selbst war das nicht verwunderlich. Jesus wurde gekreuzigt. Zehn der zwölf Jünger starben vermutlich den Märtyrertod.
In einem Brief des Kaisers Trajan aus dem Jahre 110 nach Christus erfahren wir, wie die römischen Behörden mit den Christen verfuhren.

> Wenn sie angezeigt und überführt werden, dann muss man sie bestrafen. Aber wenn einer leugnet, Christ zu sein, und dies durch ein Opfer für unsere Götter beweist, dann ist er aufgrund seiner Reue zu begnadigen.

Das war die Rechtsgrundlage für die Zeit zwischen 100 und 250 nach Christus. Trotz dieser gelegentlichen Verfolgungen breitete sich das Christentum immer weiter aus. Anfangs vor allem unter den einfachen und armen Menschen, denen schon Jesus sich besonders zugewandt hatte; nach und nach aber auch unter Menschen der höheren Gesellschaftsschichten: Händler, Offiziere, Wohlhabende.

Ein Grund für die Anziehungskraft des christlichen Glaubens war die Bereitschaft der Gläubigen, für ihren Glauben den Märtyrertod zu sterben. Das imponierte. Wer für seine Überzeugung freiwillig in den Tod ging, der musste wirklich von seinem Glauben überzeugt sein.
Ein weiterer Grund war sicher, dass die römischen Götter immer mehr an Überzeugungskraft verloren. Dabei wurden sie mehr gebraucht denn je. Das Römische Reich geriet durch verheerende Epidemien, verlustreiche Kriege und den allmählichen Verfall des Kaisertums in eine schwere Krise.
Kaiser wie Decius (250 nach Christus) oder Diokletian (300 nach Christus) versuchten ein letztes Mal, das Römische Reich auch religiös zu stabilisieren. Sie verließen die bisherige Vorgehensweise und führten systematische Christenverfolgungen durch. Sie wollten das gesamte Reich durchkämmen und auf diese Weise das Christentum ausrotten. Jeder und jede musste vor dem Kaiserstandbild eine Opfergabe bringen und so die religiöse Verehrung des Gottkaisers beweisen. Tausende Christen starben als Märtyrer. Zahlreiche Geistliche, Priester und Bischöfe wurden getötet. Etliche fielen aber auch vom christlichen Glauben ab und vollzogen das erzwungene Opfer.
Trotzdem: Das Christentum wurde durch diese Verfolgungen nicht wesentlich geschwächt. Viele römische Bürger tolerierten längst das Christentum als eine Religion neben anderen.
So wurde das Blut der Märtyrer zum Samen, aus dem das Christentum weiter wuchs, wie der Kirchenvater Tertullian sagte.

Die konstantinische Wende

Die konstantinische Wende ist das entscheidende Ereignis der Kirchengeschichte. Aus der verfolgten Kirche wird eine verfolgende Kirche.

Es begann mit der Schlacht an der Milvischen Brücke. Kaiser Konstantin kämpfte gegen seinen Bruder Maxentius um die Vorherrschaft im Römischen Reich. Die Legende erzählt, dass Kaiser Konstantin vor der Schlacht mit eigenen Augen am Himmel ein Kreuz aus Licht gesehen haben soll, dazu die Inschrift: »In diesem Zeichen wirst du siegen.« Im Schlaf soll ihm dann Christus den Befehl gegeben haben, die Schilde seiner Soldaten mit diesem Kreuzzeichen zu kennzeichnen. Dann kam es zur Entscheidungsschlacht. Tatsächlich gewann Konstantin den Kampf. Dieser Sieg brachte die entscheidende Wende für das Christentum.

Wir wissen nicht, ob Konstantin tatsächlich solch ein Lichtkreuz gesehen hat. Wir wissen auch nicht, ob er tatsächlich solch ein frommer Kaiser war, wie ihn die späteren Kirchengeschichtsschreiber schildern. Wir wissen aber, dass Konstantins höchstes Interesse der Politik galt. Und als politischer Denker brauchte er für sein Universalreich eine Universalreligion. Seine Entscheidung fiel auf das Christentum. In dieser Religion sah er eine Kraft, die das ganze Reich auch geistig einigen konnte. Deshalb wollte er eine einheitliche Kirche für die Einheit seines Reiches. Aus den Fehlern seiner Vorgänger hatte er gelernt. Mit Christenverfolgungen war die Verbreitung des christlichen Glaubens nicht mehr aufzuhalten. Die römischen Götter hatten an Überzeugungskraft verloren. Sie wurden von den Komödiendichtern im Theater lächerlich gemacht.

So entschloss sich Konstantin 313 nach Christus im so genannten »Mailänder Toleranzedikt«, den christlichen Glauben zur erlaubten Religion, zur »religio licita«, zu erheben. Es heißt dort wörtlich:

> Wir sollten allen Menschen, den Christen wie allen übrigen, die Freiheit und Möglichkeit geben, derjenigen Religion zu folgen, die ein jeder wünscht.

Zum ersten Mal in der Geschichte standen die Christen nicht mehr in der Gefahr der Verfolgung, sondern unter dem Schutz des Kaisers. Der Kaiser war auf ihrer Seite.
Diese neue Freiheit hatte Folgen. Es war schwer zu übersehen, dass der Kaiser das Christentum als Religion bevorzugte. Das führte bei vielen Bürgern zum Umdenken. Vorher gehörte viel Mut dazu, Christ zu sein. Die Christen lebten in ständiger Gefahr vor Verfolgung. Sie lebten ihre Überzeugung mit Leib und Seele, mussten sich heimlich zu Gottesdiensten treffen und waren im Notfall bereit, ihr Leben für ihren Glauben aufs Spiel zu setzen. Das änderte sich jetzt grundlegend. Viele schlossen sich nun den christlichen Gemeinden an, weil andere es auch taten. Die Kirche gewann zwar neue Mitglieder, aber es sank die Bereitschaft, für diesen Glauben auch Opfer zu bringen. Die Schwelle zum Christentum wurde niedriger als vorher, aber auch die Ansprüche an Lebensführung und Vorbildlichkeit der Gläubigen sank.
Kaiser Konstantin verlor nie sein Ziel aus den Augen: eine Universalreligion für sein Universalreich. Um die Einheit des Reiches zu sichern, musste er innerkirchliche Spaltungen verhindern. Aus diesem Grunde griff er sogar in theologische Streitigkeiten ein. Als einige Bischöfe sich über die Interpretation der Dreieinigkeit Gottes stritten, sprach er ein Machtwort, um ein einmütiges Ergebnis zu erreichen. Kaiser Konstantin übernahm damit wie selbstverständlich die Rolle des kirchlichen Oberhaupts.
Damit hat er das Modell eingeführt: ein Reich, eine Religion, ein Kaiser. Dieses Modell hat über tausend Jahre Gültigkeit gehabt.
Konstantins Wunsch war, dass eine Universalreligion als geistiges Band sein Universalreich zusammenhielt. Die Folgen dieses Gedankens kamen wenig später voll zum Tragen, denn auf Dauer kann eine Universalreligion keine Konkurrenten

neben sich dulden. Also war es mit der Toleranz gegenüber anderen Religionen bald vorbei. Kaiser Theodosius erhob 380 nach Christus in seinem Edikt »Cunctos populos« das Christentum zur Staatsreligion. Mit der Konsequenz, dass alle anderen Religionen verboten und verfolgt wurden. Wörtlich heißt es:

> Alle Völker sollen in der Religion verharren, die der Apostel Petrus den Römern überliefert hat. Nur diejenigen, die diesem Gesetz folgen, dürfen sich katholische Christen nennen. Alle übrigen haben die Schande zu tragen, einer ketzerischen Lehre anzuhängen. Sie soll die göttliche Vergeltung und vorher unsere Strafgerechtigkeit ereilen.

Im Klartext: Alle Menschen im Römischen Reich haben sich taufen zu lassen und Christen zu werden, sonst gelten sie als Ketzer und werden verfolgt.

Innerhalb weniger Jahre wurde aus der verfolgten Kirche eine verfolgende Kirche.

Der Staat erkannte die Kirche an. Damit gewann die Kirche an Macht und an Mitgliedern – sicherlich auch an zweifelhaften Mitgliedern. Aber die Kirche gewann auch Zugang zur Kultur, zur Bildung und zur Wissenschaft. Während Rom langsam unterging, konnte die neu gestärkte Kirche die ungeheure kulturelle Leistung der Römer in sich aufnehmen, bewahren und vor dem Untergang retten. Das hätte eine Kirche, die verfolgt wird, nicht vollbringen können.

Karl der Große

Das Jahr 800 nach Christus bildet ein wichtiges Datum der Kirchengeschichte. Papst Leo III. setzte Karl dem Großen die Kaiserkrone auf das Haupt. Das geschah während eines Gottesdienstes am Weihnachtstag in Rom. Mit diesem Akt beginnt die über tausendjährige Geschichte der Verquickung von Thron und Altar, von Politik und Kirche. Und mit diesem Akt wird das Fundament für das Heilige Römische Reich gelegt. Als heilig galt dieses Reich, weil es durch und durch christlich geprägt war. Kaiser Karl übernahm die weltliche Schutzherrschaft über die Kirche. Konkret hieß das, dass er die Feinde der Kirche mit Waffengewalt zu bekämpfen hatte. Zu diesen Feinden gehörten alle, die nicht Christen waren: Sachsen, Slawen, Muslime, Sektierer und Ketzer. Die Krönung durch einen Papst in einem Gottesdienst machte deutlich, dass dem Kaiser dieses Amt »von Gottes Gnaden« verliehen wurde. Wer sich gegen den Kaiser stellte, stellte sich damit zugleich gegen Gott und den von Gott eingesetzten Schutzherrn der Kirche. Kaiser und Papst bildeten von nun an gewissermaßen eine Doppelspitze.

Als römisch galt dieses Reich, weil nach dem Untergang des Römischen Reiches nun ein fränkischer Kaiser die Nachfolge der römischen Kaiser antrat.

Als Reich konnte man diese Konstruktion deshalb mit Recht bezeichnen, weil es Kaiser Karl als Erstem gelang, die vielen sich bekämpfenden Volksstämme wie die Franken, Friesen und Sachsen zu einem Reich unter einem Herrscher zusammenzuschließen.

Karl nahm seine Aufgabe als Schutzherr der christlichen Kirche sehr ernst. Deshalb war sein wichtigstes Ziel, sein Reich zu christianisieren. Dabei ging er auf zweierlei Wegen vor: Zum einen nötigte er die nichtchristlichen Volksstämme in seinem Reich, zum Christentum überzutreten. Wenn die Missionierung durch die Verkündigung nicht zum erhofften Erfolg führte, setzte die so genannte »Schwertmission« ein. Die Ungläubigen wurden schlicht vor die Alternative gestellt: Taufe oder Tod. Dieses brachiale Vorgehen hat ihm schon unter

seinen Zeitgenossen den Titel »Apostel mit der eisernen Zunge« eingebracht. In Verden an der Aller wird von 4500 Sachsen berichtet, die nicht bereit waren, sich dem Kaiser zu unterwerfen und sich taufen zu lassen. Sie wurden hingerichtet.
Zum anderen war es Karls Ziel, die christlichen Inhalte auch im Denken seiner Untertanen zu verankern. Zu diesem Zweck überzog er sein Reich mit einem Netz von Klöstern und Klosterschulen, die neu gegründet wurden. Hier lernten die Schüler Lesen und Schreiben, Rechnen und Religion. Gearbeitet wurde selbstverständlich vor allem mit Texten aus der Bibel. Die Äbte der Klöster wurden von Karl selbst ausgewählt und in ihr Amt eingesetzt. Dasselbe galt für die Bistümer. Karl ließ überall im Reich Kirchen bauen. In den Städten wurden den größeren Kirchen Domschulen angegliedert. Hier wurden die Schüler in christlicher Kultur und christlicher Kunst unterrichtet. Auch die Bischöfe wurden von Karl ausgewählt und in ihr Amt eingesetzt.
Um seinem Reich innere Stabilität zu verleihen, führte Karl das so genannte Feudalsystem ein. Der lateinische Begriff »feudum« bedeutet Lehen. Im Mittelalter ging man davon aus, dass alles Land dem Kaiser gehörte. Deshalb konnte er das Land an treue Gefolgsleute verleihen, zum Beispiel an seine Herzöge. Als Gegenleistung für das empfangene Lehen hatten diese Gefolgsleute für ihren Kaiser zu kämpfen. Auch die Bischöfe und Äbte bekamen vom Kaiser ihr Amt und Lehen.
Die Gutsherren konnten auf ihrem Gut eine Kirche errichten und selbst einen Priester anstellen.
Die weltlichen Herrscher konnten also entscheiden, wer als Priester oder Bischof ein kirchliches, geistliches Amt erhielt. Diese Verquickung von weltlicher und geistlicher Macht wurde zu einem Hauptproblem im Mittelalter.

Kirche kontra Kaiser

Das gesamte Mittelalter ist geprägt von dem Machtkampf zwischen weltlicher und kirchlicher Macht. Auf der einen Seite standen die weltlichen Machthaber wie Kaiser, Könige und Fürsten. Auf der anderen Seite die geistlichen Machthaber, nämlich Papst, Bischöfe und Priester. Die Kernfrage lautete: Wer darf eigentlich die Bischöfe in ihr Amt einsetzen: der Kaiser oder der Papst? Die Einsetzung eines Bischofs in sein Amt wurde Investitur genannt. Deshalb wird dieser Dauerkonflikt als Investiturstreit bezeichnet.

Ursache dieses Streites war die Verquickung von geistlicher und weltlicher Macht. Der weltliche Kaiser besaß zugleich geistliche Macht, denn er setzte Bischöfe ein und ab. Und der geistliche Bischof besaß zugleich weltliche Macht, denn er herrschte über Ländereien und Untertanen, konnte Steuern erheben und verfügte über bewaffnete Heere. Die Schweizer Garde im Vatikan bildet als Leibwache des Papstes bis heute ein Überbleibsel dieser Zeit. Darüber hinaus hatten die Bischöfe erheblichen politischen Einfluss, zum Beispiel bei der Neuwahl eines Königs.

Seinen ersten Höhepunkt fand der Konflikt zwischen weltlicher und geistlicher Macht in dem sprichwörtlich gewordenen Gang nach Canossa. Papst Gregor VII. forderte, dass ganz allein der Papst Bischöfe ein- und wieder absetzen kann. Und er forderte das Recht, dass der Papst Kaiser absetzen könne. Daraufhin erklärte König Heinrich IV. den Papst für abgesetzt. Der Papst reagierte, indem er den König exkommunizierte. Das hatte fatale Konsequenzen, denn es bedeutete, dass der König damit aus der Kirche ausgeschlossen wurde. Da Gott aber nach mittelalterlichem Verständnis die Gnade, die Vergebung der Sünden und die Sakramente ausschließlich der katholischen Kirche anvertraut hatte, bedeutete dies: König Heinrich IV. war auf dem direkten Weg in die Hölle. Die weltlichen Fürsten und Gefolgsleute versagten ihm ihre Unterstützung. Daraufhin pilgerte im Jahre 1077 König Heinrich IV. im Büßergewand zu Papst Gregor VII. nach Canossa. Dem blieb nichts anderes übrig, als den bußfertigen König wieder in den Schoß der heiligen Mutter Kirche aufzunehmen. Dieser Bußakt erwies sich im Nachhinein als geschickter Schachzug, denn wenig später gelang es dem wieder erstarkten König, Papst Gregor zu besiegen und schließlich abzusetzen.

Man erkennt an diesem Hin und Her, wie das Gleichgewicht zwischen Kirche und Reich ständig schwankte. Immerhin ging es um nicht weniger als die Weltherrschaft. Das Wormser Konkordat versuchte 1122 diesen Konflikt zu regeln. Aber letztlich war es nicht mehr als ein vorläufiger Waffenstillstand.

Karl der Große war zu Beginn des Mittelalters der unumschränkte Herr des Reiches gewesen. Doch im Laufe der Jahrhunderte wuchs das Papsttum der katholischen Kirche zu einem ebenbürtigen Konkurrenten im Kampf um die Weltherrschaft heran.

Papst Bonifaz VIII. formulierte 1303 seinen absoluten Machtanspruch folgendermaßen:

> Eine heilige katholische Kirche müssen wir im Gehorsam des Glaubens annehmen. Außerhalb dieser Kirche gibt es kein Heil und keine Vergebung der Sünden. Zur Zeit Noahs gab es auch nur eine Arche, und sie wies schon damals auf die Kirche hin. Alles, was nicht in der Arche war, wurde vernichtet. Das bedeutet: Die weltliche Macht muss sich der geistlichen Macht fügen. Die geistliche Macht hat die weltliche einzusetzen und ist Richterin über sie. So erklären wir, dass alle menschliche Kreatur dem Papst in Rom untertan sein muss. Wer das nicht tut, wird nicht selig.

9. Reformation

Allein aus Gnade

Am 31. Oktober 1517 nagelte der Mönch Martin Luther 95 Thesen an die Tür der Schlosskirche in Wittenberg. Warum? Eines wollte er auf keinen Fall: eine Kirchenspaltung. Im Gegenteil. Er wollte die eine Kirche wieder auf Vordermann bringen. Und er tat es in der festen Überzeugung, dem Papst damit einen Gefallen zu tun. Wie kam Luther zu dieser Ansicht?

Als Luther 1505 auf seinem Fußmarsch nach Erfurt in ein Gewitter geriet und der Blitz unmittelbar neben ihm einschlug, da lief in Luthers Kopf jener Film ab, der für die Menschen des Mittelalters typisch war. Wenn dieser Blitz ihn erschlagen hätte, wäre er unvorbereitet, voller Sünde und ohne kirchliche Gnadenangebote in das göttliche Gericht geraten. Das göttliche Urteil wäre eindeutig ausgefallen: Hölle. Folglich interpretierte Luther diesen Blitzschlag als göttlichen Warnschuss, der ihn davor bewahren sollte, unvorbereitet vor seinen himmlischen Richter zu treten. Dass Luther in diesem Moment das Gelübde ablegte, Mönch zu werden und ins Kloster zu gehen, war durchaus konsequent, denn schließlich hatte Gott ihm noch einmal das Leben geschenkt und bot ihm eine zweite Chance, die er nun ergriff.

Die flächendeckende Christianisierung war im Mittelalter zum Ziel gekommen und prägte die Weltanschauung. Für die Menschen des Mittelalters war das Leben auf der Erde wie ein Trainingslager, in dem sie sich zu bewähren hatten. Gott und der Teufel waren die herrschenden Mächte auf der Erde. Zwischen ihnen musste der Mensch sich entscheiden. Diese Ent-

scheidung hatte ewige Konsequenzen. Deshalb war das irdische Leben die Probe, die es zu bestehen galt. Es entschied darüber, wo der Mensch seine Ewigkeit zubrachte: im Himmel oder in der Hölle.
Luther gab sein Jurastudium auf und ging gegen den Willen seines Vaters ins Kloster. Seine Hauptfrage wurde zugleich sein Lebensthema: Wie komme ich mit hundertprozentiger Sicherheit in den Himmel? Der Blitzschlag steckte ihm noch in den Knochen, deshalb suchte er den absolut sicheren Weg. Luther erfüllte alle Arbeiten im Kloster mit größter Sorgfalt: Tagzeitengebete, Fasten, Wachen, Beten, Bußübungen und Beichten. Sein vorbildliches Klosterleben führte dazu, dass er schon zwei Jahre später zum Priester geweiht wurde. Doch trotz aller Ernsthaftigkeit stellte sich bei ihm keine Gewissheit ein, dass Gott ihn einmal in den Himmel aufnehmen würde. Die katholische Kirche lehrte, dass der Mensch auf Gottes Gnade angewiesen ist und dass Gott diese Gnade demjenigen gewährt, der sich aufrichtig bemüht und mit allem Ernst ein gutes, Gott wohlgefälliges Leben führt. Genau diese doppelte Forderung war es, die Luther zur Verzweiflung brachte. Wann war es denn endlich genug mit der eigenen Mühe und Ernsthaftigkeit? Später erkannte er, dass es genau diese Doppelung aus göttlicher Gnade und menschlicher Mühe war, die zu diesem Teufelskreis der Ungewissheit führte. Ihr stellte Luther später die Eindeutigkeit der Gnade Gottes entgegen. Ausschließlich und allein, weil Gott mit dem Menschen gnädig ist, bekommt er Zugang zu Gott und zum Himmel: sola gratia, allein aus Gnade, wird ein Mensch selig, und zwar ausschließlich durch die Gnade und durch nichts weiter.

Allein die Schrift

Luthers Beichtvater Johann Staupitz versuchte Luther auf andere Weise aus diesem Teufelskreis zu befreien. Er schickte Luther nach Wittenberg, um dort Theologie zu studieren. Zum ersten Mal bekam Luther eine vollständige Bibel in die Hand. Bis dahin kannte er die biblischen Texte nur in Auszügen. Die biblischen Lesungen im Kloster während des Essens, die Psalmen bei den Tagzeitengebeten, die Predigttexte, all das beruhte auf einer subjektiven Auswahl von Texten. Nun aber bekam er zum ersten Mal Zugang zum vollständigen, gewissermaßen unzensierten Text der Bibel. Und noch etwas war neu für ihn. Er lernte Hebräisch und Griechisch und konnte nun das Alte und das Neue Testament im Urtext lesen. Damit war er nicht mehr auf die im Kloster übliche lateinische Übersetzung – die Vulgata – angewiesen. Mit der ihm eigenen Sorgfalt studierte Luther die Bibel. Schon bald wurde er in Wittenberg Professor und legte in seinen Vorlesungen das Alte und das Neue Testament aus. Er kam zu erstaunlichen Ergebnissen. In der Bibel war zum Beispiel nirgendwo davon die Rede, dass der Papst die höchste Autorität in Fragen der Bibelauslegung war. Genaugenommen war in der Bibel vom Papst überhaupt keine Rede. Luther zog daraus die Konsequenzen. Bis dahin waren die Bibel und die Auslegung durch kirchliche Autoritätspersonen die beiden entscheidenden Säulen kirchlicher Lehre. Luther erkannte: Es gab nur eine Autorität, und das war die Bibel selbst. Sola scriptura, allein die Schrift, ist der entscheidende Maßstab. Auch der Papst kann irren. Über die richtige Auslegung muss anhand von Texten aus der Bibel gestritten werden.

Allein durch den Glauben

Luther beschäftigte sich intensiv mit dem Römerbrief und hielt Vorlesungen darüber. Er begann zu verstehen, was Paulus mit dem Satz in Röm 1,17 meinte: *Der Gerechte wird aus Glauben leben.* Er begriff, worauf Paulus hinauswollte. *Der Mensch wird gerecht ohne die Werke des Gesetzes, allein durch den Glauben.*

Luther erkannte, dass der Mensch vor Gott dann gerecht ist, wenn er sich die Vergebung seiner Sünden von Gott schenken lässt. Gott selbst bezahlt die Schulden, der Mensch braucht sich dieses Geschenk nur gefallen zu lassen. Gott schenkt und der Mensch wird von Gott beschenkt. Das ist die passive Gerechtigkeit, die Luther aus dem Teufelskreis der Ungewissheit heraushalf. Weil das Seelenheil des Menschen einzig und allein von Gott abhängt, nur deshalb ist dieses Seelenheil auch sicher und zuverlässig. Sobald der Mensch meint, noch etwas zu seinem Seelenheil beisteuern zu können, wird diese Heilsgewissheit wieder unsicher, denn der Mensch kann versagen. Das hatte Luther am eigenen Leibe erfahren. Aber Gott versagt nie. Das war gewiss. Der Mensch kann also nur eines tun, nämlich dieses Geschenk annehmen. Dieses sich Beschenken lassen nennt Luther Glaube. Wer zusätzlich zu diesem Glauben meint, Gott beweisen zu müssen, was für ein toller Kerl er ist, und vor Gott mit seinen Leistungen prahlen will, der gerät wieder in den Teufelskreis der Unsicherheit. Gewissheit gibt es nur für den, der sich ausschließlich auf Gott verlässt und glaubt. Sola fide, allein durch den Glauben, nur auf diese Weise kann ein Mensch in den Himmel gelangen.

95 Thesen über Buße und Ablass

Luther entfernte sich mehr und mehr von den Lehren der katholischen Kirche. Die Begegnung mit dem Ablass brachte für Luther dann das Fass zum Überlaufen. Albrecht von Mainz war – geistlich – Erzbischof von Magdeburg und – weltlich – Administrator von Halberstadt; darüber hinaus – geistlich – Erzbischof von Mainz und – weltlich – Kurfürst von Mainz. Das Amt des Erzbischofs hatte er sich für 10.000 Dukaten vom Papst gekauft. Das Geld hatte er beim Bankhaus Fugger geliehen. Um diese Schulden wieder einzutreiben, hatte ihm der Papst erlaubt, Ablasshandel zu betreiben. So ließ er als Erzbischof von Mainz den Dominikanermönch Johann Tetzel durch sein Gebiet reisen und Ablassbriefe verkaufen.

Ablass bedeutete den Erlass von Sündenstrafen im Fegefeuer. Im Laufe des Mittelalters hatte sich die Vorstellung durchgesetzt, dass die Seelen der Verstorbenen nicht sofort in den Himmel oder in die Hölle gelangten, sondern in einem Übergangsbereich durch ein Fegefeuer geläutert werden. Sündenstrafen konnten durch einige Jahre Fegefeuer abgebüßt werden. Diese Fegefeuerstrafe konnte durch fromme Leistungen verkürzt werden, indem man zum Beispiel nach Rom oder zu anderen heiligen Stätten pilgerte. Sogar in Wittenberg hatte Luthers Landesherr Kurfürst Friedrich der Weise in seiner Schlosskapelle eine Reliquiensammlung, deren Besuch reichlich mit Ablass versehen war. Zu den Reliquien gehörten zum Beispiel fünf Tropfen von der Muttermilch der Jungfrau Maria; von ihrem Schleier zwei Stofffetzen, die mit dem Blut Jesu Christi unter dem Kreuz besprengt waren; ein Strohhalm von dem Stroh, auf dem Jesus gelegen hatte, als er geboren wurde, und ein Stückchen von der Windel, in die er gewickelt worden war. Insgesamt waren es 5005 Teile, Fetzen und Partikel. Für jedes Teil gab es 100 Tage Ablass. Heute lachen wir darüber.

Das Mittelalter war jedoch so sehr von Höllenfurcht beherrscht, dass die Gläubigen im wahrsten Sinne des Wortes jeden Strohhalm ergriffen.
In dieser Gefühlslage war ein Ablass sehr willkommen, der für Geld erworben werden konnte. Die Ablassbriefe wurden eine wichtige kirchliche Einnahmequelle. Schließlich war es sogar möglich, Ablassbriefe stellvertretend für schon Verstorbene zu kaufen.
Luther sah, welche katastrophalen Folgen diese Ablassbriefe für das religiöse und sittliche Leben hatten. Statt ein anständiges Leben zu führen und die eigene Familie zu versorgen, gaben die Menschen ihre letzten Groschen für Ablassbriefe her.
Luther fasste sein Verständnis über Buße und Ablass in 95 Thesen zusammen. Sie waren auf Latein verfasst und sollten zu einem Fachgespräch unter den Gelehrten führen. Die Thesen verbreiteten sich wie ein Lauffeuer. Sie wurden für das normale Volk ins Deutsche übersetzt, gedruckt und im ganzen Land verteilt.
Luther wurde sofort in Rom angezeigt und verurteilt. Doch Kurfürst Friedrich der Weise hielt schützend seine Hand über Luther. Er lieferte ihn nicht nach Rom aus. Ohne ihn hätte Luther nicht überlebt.

Die wahre Kirche

Der Papst drohte Luther mit dem Bann. Doch Luther hatte bei seinem Bibelstudium erkannt, dass es nur einen gab, der zwischen Gott und dem Menschen vermitteln konnte, und das war allein Christus. Nicht der Papst, nicht der Priester und nicht die Kirche. Solus Christus, allein Christus, macht selig.
Luther verbrannte öffentlich die Bannandrohungsbulle und machte damit deutlich: Der Papst kann mich zwar aus der

katholischen Kirche werfen, aber selig werde ich trotzdem. Der Papst dagegen lehrte, dass ein Mensch nur selig werden könne, wenn er zur Kirche gehörte, denn nur in der Kirche gab es die göttliche Gnade und Vergebung, die durch die Priester in Form von Beichte, Abendmahl und anderen Sakramenten an die Gläubigen weitergegeben wurde. Luther hatte erkannt, dass man nicht automatisch zur wahren Kirche gehörte, wenn man Mitglied der katholischen Kirche war. Nach und nach kam Luther sogar zu der Überzeugung, dass der Papst der Antichrist war, also der teuflische Gegenspieler Jesu Christi.

Zur wahren Kirche gehörten für Luther die Menschen, die an Jesus Christus glaubten. Unter Glaube verstand Luther dabei die persönliche Beziehung zu Jesus Christus. Christus ist wie ein Bräutigam, der sich mit der Seele des Gläubigen wie mit einer Braut vereint. In dieser Einheit zwischen Christus und dem Gläubigen findet nun ein wunderbarer Austausch der mitgebrachten Eigenschaften statt. Christus schenkt seine Sündlosigkeit, sein ewiges Leben und seine Liebe dem Glaubenden, und er bekommt dafür von dem Glaubenden dessen Sünde und Verdorbenheit. Der Sünder wird in die Gemeinschaft mit Christus hineingezogen und aus dem Ich wird ein Wir. Die beiden werden eins und nehmen die Eigenschaften des anderen an, so wie Eisen und Feuer ihre Eigenschaften beim Schmieden austauschen können. Das Eisen wird rotglühend vor Hitze, und die Glut bekommt eine feste Form und eine messbare Gestalt. Dieser Glaube findet allein zwischen Christus und dem Glaubenden statt und braucht keinen Priester und keine Kirche als Vermittler. Weil der Glaube aber von dem Wort lebt, das Christus zu ihm spricht, deshalb versammeln sich die Glaubenden, um sein Wort zu hören. Das ist der Sinn des Gottesdienstes. Für Luther ist die Kirche also der Ort, an dem das Wort Christi zu hören ist und wo Christus

sich mit den Glaubenden vereint, nämlich in den Sakramenten Taufe und Abendmahl.
Kirche, das sind die Menschen, die auf Jesus Christus hören. Deshalb braucht die Kirche eigentlich keine Priester, denn alle Gläubigen sind ja direkt mit Christus vereint. Luther sagt sogar, dass jeder Christ, der getauft ist, selbst wie ein Priester, Bischof oder Papst zu betrachten ist. Es gibt keine geistlichen Rangunterschiede vor Gott, sondern nur ein »Priestertum aller Gläubigen«. Allerdings ist es praktischer, wenn die Gottesdienste geleitet werden von Menschen, die lesen, schreiben und verständlich sprechen können. Und es ist gut, wenn sie sich gut in der Bibel auskennen. Deshalb legte Luther großen Wert auf die Einrichtung von Schulen und auf die Ausbildung von Pastoren. Es war sein größtes Anliegen, die Heilige Schrift ins Deutsche zu übersetzen und allen Menschen zugänglich zu machen.

Die Reichsacht

Es ist klar, dass Luther mit diesem Verständnis von Glaube, Kirche und Priestertum endgültig mit der katholischen Kirche brach. Das wiederum machte ihn für diejenigen Fürsten im Reich interessant, die sich von der Gängelung durch den Papst und durch den katholischen Kaiser befreien wollten. Luthers Lehre bekam mit einem Schlag auch eine politische Sprengkraft.
Die Folge war, dass Luther 1521 auf den Reichstag in Worms vorgeladen wurde. Um sein Leben zu retten, hätte er vor Kaiser Karl V. und den päpstlichen Gesandten alle seine Schriften für falsch erklären müssen. Luther blieb hartnäckig und berief sich auf den einzig gültigen Maßstab, den er noch gelten ließ: die Heilige Schrift.

Damit hatte er sich selbst das Urteil gesprochen: die Reichsacht. War Luther durch den päpstlichen Bann aus der allein seligmachenden Kirche entfernt worden, so verlor er durch die Ächtung nun all seine Rechte im gesamten Reichsgebiet. Er galt als vogelfrei. Wer ihm Unterkunft oder Essen gab, beging eine Straftat. Wer ihn erschlug, machte sich nicht strafbar.

Auf dem Reichstag in Worms trat wieder die Doppelspitze des Heiligen Römischen Reiches in Aktion. Der Kaiser als der weltliche Schutzherr der katholischen Kirche sorgte dafür, dass der vom Papst als Ketzer überführte Luther auch alle seine weltlichen Rechte verlor.

Luther hätte nicht überlebt, wenn sein Kurfürst Friedrich der Weise ihn nicht durch einen vorgetäuschten Überfall auf die Wartburg in Sicherheit gebracht hätte. Wie in einem Zeugenschutzprogramm bekam er als vollbärtiger Junker Jörg eine neue Identität. Die freie Zeit nutzte er, um das Neue Testament ins Deutsche zu übersetzen.

Luthers Lehre von den zwei Reichen

Diejenigen Anhänger Luthers, die zu den einfachen Leuten gehörten, bekamen nun ein Problem, wenn sie einen Fürsten über sich hatten, der gegen Luther und treu katholisch war. Schließlich waren sie die Anhänger eines vogelfreien Ketzers.

1523 verlangte der katholische Herzog Georg von Sachsen von seinen Untertanen, Luthers Schriften abzuliefern und zu verbrennen. Wer also ein Flugblatt oder gar ein von Luther übersetztes Neues Testament besaß, machte sich strafbar. Muss ein lutherischer Christ seinem katholischen Herrn gehorchen und seine Lutherbibel verbrennen?

Luther antwortete auf diese Frage mit der so genannten Zwei-Reiche-Lehre, die er in der Schrift »Von weltlicher Obrigkeit, wieweit man ihr Gehorsam schuldig sei« entfaltete.
Luther unterscheidet zwischen dem Reich zur linken und dem Reich zur rechten Seite Gottes.
Im Reich zur Linken Gottes herrschen die Fürsten mit dem Schwert. Gesetze, Polizei und Gefängnisse sorgen für Ruhe und Ordnung. So können alle Menschen in Sicherheit leben, auch die Christen. Gott selbst hat den Fürsten Macht, Amt und Auftrag gegeben, damit alle Menschen in Frieden leben können.
Im Reich zur Rechten Gottes geht es anders zu, denn hier herrscht Jesus Christus. Er verleiht den Gläubigen den Heiligen Geist, damit sie Gott und ihre Mitmenschen wie sich selbst lieben können. Diese Christen brauchen keine Gesetze, denn sie tun aus reiner Nächstenliebe viel mehr als jedes Gesetz fordern könnte.
Luther ist nicht so einfältig zu glauben, dass sich dieses Reich zur Rechten hundertprozentig in der real existierenden Kirche verwirklichen würde. Er geht davon aus, dass auch der Christ ein Sünder bleibt, aber ein gerechtfertigter Sünder. Das bedeutet, solange ein Christ in dieser Welt lebt, ist er immer beides gleichzeitig, Sünder und Gerechter zugleich. Kein Christ kann in der Realität alle Gebote vollkommen erfüllen. Er macht Fehler und bleibt Sünder. Diese doppelte Natur des Christen wirkt sich auf die Kirche aus. Gottes Reich zur Rechten ist auch in der Kirche noch nicht vollkommen vorhanden.
Luther betont, dass beide Reiche aufeinander angewiesen sind. Beide Reiche beeinflussen sich gegenseitig. Und ein Christ lebt in beiden Reichen gleichzeitig. Er lebt einerseits im Reich zur Rechten aus Glauben, Nächstenliebe und Heiligem Geist. Gleichzeitig ist er aber auch als Staatsbürger Teil des Reiches

zur Linken und ist verpflichtet, der weltlichen Macht gehorsam zu sein. Es kann sogar notwendig sein, dass ein Christ im Reich zur Linken bestimmte Aufgaben übernimmt. Luther schreibt:

> Wenn du siehst, dass der Regierung Henker, Richter oder Politiker fehlen und du stellst fest, dass du die Begabung dazu hast, dann ist es deine Pflicht, dich anzubieten und dich um dieses Amt zu bewerben. Diese Form der Machtausübung ist unbedingt notwendig, denn die Welt kann nun einmal nicht darauf verzichten.

Beide Reiche sind von Gott gewollt und dienen dazu, das Überleben auf der Erde zu sichern. Deshalb dürfen die Christen aus dem Reich zur Rechten auch den Staat korrigieren, wenn der seinen Auftrag nicht erfüllt, den er von Gott bekommen hat. Eine Regierung, die Ungerechtigkeit und Krieg fördert, darf und soll von Christen kritisiert werden.

Muss also ein lutherischer Christ seine Lutherbibel verbrennen, wenn der katholische Landesherr es fordert? Die Antwort lautet: nein. Denn die Regierung hat ihr Mandat von Gott erhalten. Wenn sie nun den Glauben an Gott behindert und bestraft, wird sie ihrem Auftrag nicht gerecht. In diesem Fall muss ein Christ Gott mehr gehorchen als den Menschen.

Der Bauernkrieg

Luthers Ansichten verbreiteten sich immer weiter, auch in den unteren Gesellschaftsschichten. Gerade die benachteiligten Bevölkerungsgruppen bezogen Luthers neue Lehre auf sich. Allen voran die Bauern. Die meisten von ihnen lebten schon lange in quälender Armut. Sie mussten auf den Feldern ihrer Herren arbeiten, während die Ernte auf den eigenen Feldern oft verkam. Außerdem hatten sie von den eigenen Ernteerträgen hohe Abgaben an ihre Herren zu leisten. Viele Fürsten entdeckten die Jagd als Hobby und siedelten Wildschweine und Dammwild in ihren Wäldern an. Oft kam es vor, dass die Wildsauen die gesamte Ernte eines Feldes vernichteten. Die Bauern durften aber die Tiere nicht erlegen, denn dann wären sie wegen Wilderei bestraft worden. Prügel und Stockschläge waren ohnehin an der Tagesordnung. Obwohl in vielen Bauernfamilien die Kleinkinder hungerten und froren, war es den Bauern verboten, in den Flüssen zu fischen oder sich mit Brennholz aus den Wäldern ihrer Herren zu versorgen. Diese elenden Lebensumstände bildeten einen brisanten Sprengstoff. Deshalb stand Luther anfangs auf der Seite der Bauern. Er gab den Fürsten und Bischöfen die Schuld an den entstehenden Unruhen. Die Bauern warnte er jedoch vor Gewaltanwendung und ermahnte sie, ihren Herren gehorsam zu sein.

Doch Luthers Botschaft von der Freiheit eines Christenmenschen wurde einer der Funken, der die angespannte Situation zur Explosion brachte. Die Bauern rotteten sich zusammen und begannen 1525, mit Sensen und Mistgabeln bewaffnet gegen ihre Herren zu kämpfen, zu plündern und zu morden.

Jetzt änderte Luther seine bauernfreundliche Meinung. In seiner Schrift »Wider die mörderischen und räuberischen Rotten der Bauern« ermunterte er die Fürsten, sie sollten die Bauern totschlagen wie tollwütige Hunde. Luther sah in diesem Aufruhr den Teufel selbst am Werk. Deshalb sollte diesem teuflischen Treiben mit allen Mitteln Einhalt geboten werden. In seiner Schrift ließ Luther sich zu Sätzen hinreißen, die allem widersprachen, was er bis dahin als reformatorische Erkenntnis verkündet hatte. Er schreibt:

> Diese Zeit ist so wunderlich, dass ein Fürst den Himmel mit Blutvergießen verdienen kann, besser als andere mit Beten.

Das Ergebnis: Tausende von Bauern wurden getötet; der Aufstand wurde von den Fürsten grausam niedergeschlagen.
Mit dem Ende des Bauernkrieges trat eine Wende ein. Die Reformation hatte als eine religiöse Volksbewegung begonnen. Das Priestertum aller Gläubigen hätte zu einer demokratischen Bewegung innerhalb der Kirche führen können. Diese Chance war nun vertan. Nach den Bauernkriegen wurde die Reformation zu einer politischen Bewegung. Sie wurde nun von den Fürsten getragen, denn das normale Volk war offensichtlich überfordert mit der praktischen Umsetzung der Freiheit und Gleichberechtigung, die Luther lehrte.
Damit war der erste Schritt zum so genannten landesherrlichen Kirchenregiment getan. Viele Landesherren benutzten Luthers Lehre, um sich vom Einfluss der katholischen Bischöfe und vom Papst zu befreien. Sie wurden damit sozusagen zu Notbischöfen in ihren Territorien und übernahmen damit auch die Herrschaft über die Kirche.
Im Augsburger Religionsfrieden von 1555 findet dieses landesherrliche Kirchenregiment seinen Ausdruck in der klassisch gewordenen Formel: *cuius regio, eius religio.* Wer die politische Herrschaft in einem Territorium besitzt, der hat auch das Recht, die Religion und Konfession der Untertanen in seinem Fürstentum zu bestimmen. Wenn also der Kurfürst von Sachsen das evangelische Bekenntnis vertrat, dann wurden auch alle seine Untertanen evangelisch, denn der Kurfürst hatte als Landesherr das Recht, die katholische Form des Gottesdienstes abzuschaffen, die katholischen Priester zu entlassen und evangelische Pastoren einzusetzen. Der ungeheure Fortschritt bestand seit dem Augsburger Religionsfrieden dar-

in, dass man nun evangelisch sein konnte, ohne dafür verfolgt oder gebannt zu werden.
Die evangelischen Christen galten von nun an als gleichberechtigt neben den katholischen Christen. Als evangelisch galt, wer sich zum Augsburger Bekenntnis hielt. 1530 wurde dieses Bekenntnis von evangelischen Theologen für den Reichstag in Augsburg verfasst, um dem katholischen Kaiser und den anderen Fürsten eine kurze Zusammenfassung der evangelischen Lehre vorzulegen.
Die fundamentale Bedeutung des Augsburger Religionsfriedens von 1555 lag in der Anerkennung einer zweiten Konfession. Damit ging eine tausend Jahre währende Tradition zu Ende. Das eine Heilige Römische Reich wurde nicht mehr zusammengehalten durch die eine katholische Kirche. Ein Reich und eine Religion, diese Gleichung galt nun nicht mehr. Luthers Reformation hatte die Kirche gespalten. In dem einen Reich herrschten nun zwei Konfessionen. Kaiser Karl V. war gescheitert. Als weltlicher Schutzherr der Kirche hatte er die Kirchenspaltung nicht verhindern können. Resigniert legte er wenig später die Kaiserkrone nieder und dankte ab. Er ging dorthin, wo Luther herkam und den Stein der Reformation ins Rollen gebracht hatte: in ein Kloster.
Das Mittelalter war zu Ende.

Luther und die Juden

Luthers Schrift gegen die Bauern war ein trauriger Tiefpunkt der Reformationsgeschichte. Doch noch furchtbarer waren seine Schriften gegen die Juden. Dabei war Luthers Haltung gegenüber den Juden zunächst sehr wertschätzend und einladend. Er betonte, dass Jesus und die Apostel Juden waren. Deshalb sind die Juden Blutsverwandte Jesu Christi und näher mit ihm verbunden als die Christen im Deutschen Reich, die ursprünglich von germanischen Heiden abstammen. Nur dem jüdischen Volk hat Gott eine besondere Ehre erwiesen, denn aus ihnen hat er die Erzväter Abraham, Isaak und Jakob sowie die Apostel und die Propheten hervorgehen lassen. Keinem anderen Volk hat er die Heilige Schrift offenbart. Luther war überzeugt, dass viele Juden sich zum christlichen Glauben bekehren würden, wenn man ihnen das Evangelium verkündigte. Er schrieb:

> Ich hoffe, wenn man mit den Juden freundlich umginge und sie aus der Heiligen Schrift gründlich unterweisen würde, es würden viele von ihnen aufrichtige Christen werden.

Der katholischen Kirche warf Luther vor, die Juden unfreundlich und hochmütig behandelt zu haben. Diese judenfreundliche Einstellung Luthers verkehrte sich im Laufe der Zeit ins krasse Gegenteil. Seine Erwartungen wurden enttäuscht. Die Juden lehnten Jesus Christus als Sohn Gottes weiterhin ab. Damit die Juden nicht die Christen von ihrem rechten Glauben abbrachten, forderte Luther 1542 in seiner Schrift »Von den Juden und ihren Lügen« drastische Maßnahmen:

> Erstens, dass man ihre Synagoge mit Feuer verbrenne. Zweitens, dass man ihnen alle ihre Bücher wegnehme. Drittens, dass man ihnen bei Verlust des Leibes und des Lebens verbiete, bei uns und in unserem Land öffentlich Gott zu loben, zu beten und zu lehren. In ihrem Land mögen sie das tun oder an einem Ort, wo wir Christen es nicht hören.
> Deshalb darf man hier keine Barmherzigkeit walten lassen. Und wenn das alles nicht hilft, so müssen wir sie wie die tollwütigen Hunde hinausjagen, damit wir nicht wegen ihrer Gotteslästerungen Gottes Zorn auf uns ziehen und verdammt werden.

Luther argumentiert hier auf dem Hintergrund des mittelalterlichen Weltbildes, wonach dieses Leben zweitrangig ist gegenüber der ewigen Seligkeit bei Gott im Himmel. Wer seinen christlichen Glauben verliert, gerät auf den Weg zur Hölle. Deshalb muss jede falsche Lehre bekämpft werden, auch die jüdische, damit niemand zu einem falschen Glauben verführt wird und dadurch die Seligkeit verliert.
Die Wirkungsgeschichte dieser Schrift im Laufe der Jahrhunderte bis hin zum Nationalsozialismus macht Luthers Auseinandersetzung mit den Juden zum wohl finstersten Kapitel der Reformationsgeschichte.

10. Neuzeit

Der Dreißigjährige Krieg

Mit der Reformation, die zur Kirchenspaltung führte, ging das Mittelalter zu Ende. Von nun an gab es in dem Universalreich keine Universalreligion mehr. Das Christentum im Reich war gespalten in Katholiken und in Protestanten. Damit stellte sich die Frage: Welche dieser beiden Konfessionen vertritt eigentlich die Wahrheit? Immerhin ging es hier nicht um Nebensächlichkeiten, sondern um die ewige Seligkeit und damit um Himmel und Hölle. Von der Idee der Toleranz, dass jeder nach seiner eigenen Auffassung selig werden soll, ist man noch Jahrhunderte entfernt. In der Frage der Seligkeit kann es nur eine Wahrheit geben, denn Gott ist einer, die Bibel ist eine und deshalb kann es nur einen Weg geben, der zu Gott führt. Aber wer lehrt den richtigen Weg: Katholiken oder Protestanten?

Weil dieser Konflikt mit theologischen Argumenten offensichtlich nicht zu lösen war, versuchte man es mit militärischen Mitteln. Dreißig Jahre lang kämpften die Konfessionen um die endgültige Wahrheit. Sie schreckten dabei auch vor Brandstiftung, Folter und Plünderung nicht zurück. Und natürlich ging es schon bald nicht mehr um die wahre Religion, sondern um Macht, Reichtum und Land. Von 1618 bis 1648 wurden zahllose Mütter und Väter ermordet, Söhne für den Krieg zwangsrekrutiert, Töchter vergewaltigt und Ernten verbrannt. Dieser Dreißigjährige Krieg kostete sieben Millionen von insgesamt siebzehn Millionen Einwohnern im Reich das Leben. Viele Überlebende vegetierten aufgrund vernichteter Ernten hungernd und frierend dahin. Und das alles im

Namen der Religion? Nach dreißig Jahren Krieg war endgültig klar, dass die Religion nicht mehr in der Lage war, die Menschen zu einigen. Im Gegenteil, der Streit um die wahre Religion hatte das Reich gespalten und an den Abgrund gebracht. Damit stellte sich die Frage: Was war an Stelle der Religion in der Lage, eine gemeinsame Grundlage zu bilden für das zersplitterte Reich und die verfeindeten Menschen? Es musste etwas sein, auf das sich alle einigen konnten, weil alle daran Anteil hatten. Es musste etwas sein, das die Menschen miteinander verband und nicht trennte. Religion, Abstammung, Reichtum – alles das führte zu Spaltungen und Abgrenzungen. Was aber konnte stattdessen als gemeinsames Fundament dienen, das alle Menschen anerkannten, egal ob evangelisch oder katholisch? Was konnte als neues allgemeingültiges Kriterium für alle Menschen gelten? Die Antwort auf diese Frage lautete: die Vernunft. Diese Lösung erwies sich als epochemachend. Das Zeitalter der Aufklärung begann.

Die Aufklärung

Der Philosoph Immanuel Kant brachte das Ziel der Aufklärung auf den Punkt:

> Aufklärung ist der Ausgang des Menschen aus seiner selbstverschuldeten Unmündigkeit. Habe den Mut, dich deines eigenen Verstandes zu bedienen.

Diese Säkularisierung, die Verweltlichung der Welt, prägte die Neuzeit und erreichte im Laufe der Zeit alle Bereiche des Lebens.

Natürlich waren die Menschen schon immer vernunftbegabt. Doch erst mit der Aufklärung wurde diese Vernunft zum entscheidenden Maßstab. Damit trat sie in Konkurrenz zur Re-

ligion, die bislang dieses Vorrecht besaß. Die Aussagen der Bibel galten nicht mehr als gottgegeben und unfehlbar, stattdessen wurden sie dem vernünftigen Denken unterworfen. Dabei konnten Konflikte mit der offiziellen Lehre der Kirche nicht ausbleiben.
In Josua 10,12-13 befiehlt Josua der Sonne:

> »Sonne, stehe still über Gibea!« Und die Sonne stand still. Fast einen Tag lang blieb die Sonne hoch am Himmel stehen und bewegte sich nicht von der Stelle.

Plötzlich prallten zwei Weltbilder aufeinander: das geozentrische Weltbild, das davon ausgeht, dass die Sonne sich um die Erde dreht, und das heliozentrische Weltbild des Nikolaus Kopernikus. Er hatte die Laufbahn der Planeten berechnet und kam zu der revolutionären Folgerung, dass die Erde sich um die Sonne dreht. Galileo Galilei lieferte mit seinem Teleskop dafür den Beweis, wurde aber 1633 von der Kirche der Ketzerei angeklagt und musste seine Lehre widerrufen. Erst 1992 gestand eine päpstliche Kommission ihren Irrtum ein und sprach ihn offiziell frei.
Die Befreiung der Vernunft aus der kirchlichen Vorherrschaft und Bevormundung geschah nur langsam und mühevoll, aber unaufhaltsam.
Hugo Grotius war bereits 1625 der Auffassung, dass das Völkerrecht auch ohne religiöse Grundlage gelten müsse. *Etsi Deus non daretur,* als ob es Gott nicht gäbe, so müsse man die Welt betrachten. Diese Formulierung macht deutlich, dass es sich bei der Aufklärung um eine allmähliche Entwicklung handelt. Grotius ging durchaus noch davon aus, dass es Gott gibt. Aber er forderte, dass eine vernünftige Weltdeutung ohne Gott als Erklärungsmodell auskommen müsse.
René Descartes machte 1637 die Unsicherheit in dieser Zeit des Umbruchs zu seinem Lebensthema. Wenn alles unsicher

ist und in Zweifel gezogen werden kann, was ist dann noch sicher? Gott, die Bibel, der christliche Glaube, das Weltbild – alles ist ins Wanken geraten. Das Einzige, so Descartes, was er nicht bezweifeln kann, ist die Tatsache, dass er zweifelt. Dieser Zweifel ist der Fels, der unumstößlich fest steht. Diesen Zweifel, der alles in Frage stellt, fasste er in der Formel *cogito, ergo sum* zusammen. *Ich denke, also bin ich.* Ich zweifle, also muss es auch den geben, der hier zweifelt. Damit ist die Tatsache, dass ich existiere, bewiesen. Dieser Beweis beruht allein auf der Vernunft und nicht auf religiösen Grundsätzen. Diese Form des methodischen Zweifels wurde bahnbrechend und prägt bis heute unsere naturwissenschaftlichen Forschungsmethoden.

Die Emanzipation der Vernunft aus der kirchlichen Bevormundung schritt immer weiter voran und machte auch vor der Bibel nicht Halt.

Reimarus stellte als Erster das traditionelle Christusbild der Kirchen in Frage. Für ihn war die Bibel nicht eine vom göttlichen Geist inspirierte Heilige Schrift, sondern ein zeitgeschichtliches Dokument wie jedes andere auch. Anhand der Evangelien zeigte er, dass die Lehre der Apostel streng zu unterscheiden sei von dem, was Jesus selbst gepredigt habe. Bis heute gilt diese methodische Trennung zwischen dem, was der historische Jesus gelehrt hat, und dem kerygmatischen Christus, den die ersten Christen verkündigten.

In der Französischen Revolution 1789 erreichte die Herrschaft der Vernunft ihren ersten Höhepunkt. Freiheit, Gleichheit und Brüderlichkeit bildeten die neuen Werte. Man schaffte die christliche Zeitrechnung ab und erhob die Revolution zum Beginn einer neuen Zeitrechnung. In Paris wurde 1793 in der ehemaligen Kirche Notre-Dame ein Fest veranstaltet, bei dem die »Göttin der Vernunft« verehrt wurde. Eine Religion existierte zwar noch, aber sie war nicht mehr kirchlich, sondern durch die Vernunft geprägt und diente der Verehrung eines »höchsten Wesens«.

Technische Fortschritte und naturwissenschaftliche Entdeckungen prägten das Denken. Justus Liebigs Erfindung des Kunstdüngers und höhere Ernteerträge machten die Bitte um das tägliche Brot mehr und mehr überflüssig. Penicillin konnte effektiver Menschenleben retten als Fürbittengebete. Und Fischer mit Motorbooten beteten vermutlich weniger als Fischer mit Segelbooten.

So entwickelte sich der Fortschrittsglaube zum allgemeinen Lebensgefühl. Naturwissenschaft und Technik würden die noch ausstehenden Probleme im Laufe der Zeit schon lösen. Darwins Evolutionstheorie von der Entstehung der Arten stand im krassen Gegensatz zur kirchlichen Lehre. Der Mensch, bis dahin Krone der Schöpfung, sollte vom Tier abstammen. Gott wurde durch die technischen und medizinischen Errungenschaften nicht nur im täglichen Leben überflüssig; plötzlich war er nicht einmal mehr für die Erschaffung des Menschen notwendig.

Schließlich lieferte Sigmund Freud eine psychoanalytische Erklärung für das Bedürfnis des Menschen, sich einen Gott zu erschaffen.

Sogar die Religion wurde durch die Psychoanalyse säkularisiert und scheinbar überflüssig.

Nietzsche hatte dieses Ergebnis bereits vorhergesehen und auf eine kurze Formel gebracht: *Gott ist tot.*

Kirche im Nationalsozialismus

Napoleons Siegeszug in Europa führte dazu, dass Kaiser Franz II. die deutsche Kaiserkrone niederlegte. Das »erste« Heilige Römische Reich Deutscher Nation war am Ende.

Nach der Niederlage Frankreichs im Deutsch-Französischen Krieg erfolgte 1871 die Gründung des Deutschen Kaiserreichs. König Wilhelm I. von Preußen wurde deutscher Kaiser, Otto von Bismarck, wurde Reichskanzler.
Der Erste Weltkrieg von 1914 bis 1918 endete mit der Niederlage und der Abdankung von Kaiser Wilhelm II. Damit hörte nicht nur das »zweite« Reich auf zu existieren, eine über tausendjährige Epoche ging zu Ende. Seit den Tagen Kaiser Konstantins und Karls des Großen war der Kaiser Schutzpatron und Oberhaupt der christlichen Kirche. Für die evangelische Kirche galt diese Konstruktion über das Zeitalter der Kirchenspaltung hinaus. Kaiser Wilhelm II. war bis zu seiner Abdankung Oberhaupt der evangelischen Kirche. Ihre Mitglieder verloren also nicht nur ihren Kaiser, sondern zugleich ihr kirchliches Oberhaupt. Der Kaiser hatte sich als von Gott eingesetzt verstanden. Deshalb stand auf den Koppelschlössern der Soldaten, die in den Ersten Weltkrieg zogen: *Gott mit uns.*
Die Landeskirchen hatten es plötzlich nicht mehr mit einer Monarchie und einem Kaiser von Gottes Gnaden zu tun, sondern mit einer Republik und ihren demokratisch gewählten Volksvertretern. Deshalb musste in der Weimarer Verfassung das Verhältnis von Kirche und Staat neu festgelegt werden. Das Ergebnis war eine »hinkende« Trennung. Die Staatskirche mit dem Staatsoberhaupt als Kirchenoberhaupt war endgültig vorbei. Doch statt einer radikalen Trennung von Kirche und Staat blieben der evangelischen und der katholischen Kirche einige Privilegien erhalten, zum Beispiel der Religionsunterricht an den Schulen.
Bei den Reichstagswahlen 1932 wurde die NSDAP mit 37,4 Prozent der Stimmen stärkste Fraktion. Am 30. Januar 1933 ernannte Reichspräsident Hindenburg den Führer der NSDAP Adolf Hitler zum Kanzler des Deutschen Reiches und gab seiner Regierung »den Segen« mit den Worten: *Und nun,*

meine Herren, vorwärts mit Gott.
Der Siegeszug des Nationalsozialismus im Dritten Reich machte auch vor den Kirchen nicht Halt. Die Deutschen Christen (DC) in der evangelischen Kirche nannten sich selbstbewusst deutsch, weil sie nationalsozialistisch gesonnen waren. Sie teilten Hitlers Rassenwahn und seine Verachtung der Juden. Und sie verehrten Hitler als von Gott gesandten Führer. Zugleich verstanden sie sich als Christen. Sie brachten ihren christlichen Glauben und die christliche Überlieferung mit ihrer politischen Einstellung in Einklang. Das Jesusbild der Evangelien reinigten sie von allen jüdischen Einfärbungen und gelangten so zu einem »heldischen Jesus«.
Die Deutschen Christen sahen Gottes Führung und Handeln in den geschichtlichen Ereignissen am Werk. Nicht nur die Wahl Hitlers zum Führer, auch seine Blitzsiege und das Überleben Hitlers bei vielen Attentaten machte ihnen deutlich, dass Gott den Führer gesandt hatte und schützte.
Die Kirche sollte dem Staat »gleichgeschaltet« werden. Ein Volk, ein Reich, ein Führer – dieses Prinzip sollte auch in der evangelischen Kirche eingeführt werden: ein arisches Volk – eine deutsche Kirche – ein Reichsbischof. Konkret sollten die über zwei Dutzend evangelischen Landeskirchen zu einer straff organisierten, hitlertreuen Deutschen Evangelischen Kirche (DEK) unter Reichsbischof Müller zusammengefasst werden. Damit war die Einführung des Arierparagraphen verbunden. Das bedeutete, dass evangelische Pastoren mit jüdischer Abstammung oder mit jüdisch-stämmigen Ehefrauen aus ihrem Dienst entlassen wurden. Dazu gehörte auch, dass Pastoren – wie die Soldaten der Wehrmacht – einen Eid auf Hitlers Person abzulegen hatten.
Faktisch ist dieser Versuch der Gleichschaltung aber nie umgesetzt worden, denn die verschiedenen Landeskirchen reagierten zu uneinheitlich.

Als Gegenbewegung zu den Deutschen Christen entstand die Bekennende Kirche (BK), die 1934 auf ihrer Versammlung in Barmen ein neues Bekenntnis formulierte. Sie stellte sich unter Lebensgefahr gegen die Deutschen Christen, gegen den Nationalsozialismus und gegen den Führerkult. Ein neues Glaubensbekenntnis wurde notwendig, weil das traditionelle apostolische Glaubensbekenntnis nicht ausreichte, um sich von den Deutschen Christen abzugrenzen. Den Glauben an die Trinität – an Gott Vater, Sohn und Heiligen Geist – teilten auch die Deutschen Christen.

Das Barmer Bekenntnis dagegen distanzierte sich bewusst von der Ideologie der Deutschen Christen und nahm die Bibel als Grundlage. Jesus Christus ist das eine Wort Gottes. Daneben gibt es keine weiteren Offenbarungen über Gott. Über Jesus Christus hinaus gibt es keinen von Gott gesandten Führer, dem Christen zu gehorchen hätten. Neben dem von Gott auserwählten Volk gibt es kein weiteres, auch kein arisches Volk, das Gott sich auserwählt hätte. Auch die geschichtlichen Ereignisse wie die Siege bei den Blitzkriegen oder das Überleben von Attentaten sind keine göttlichen Offenbarungen und lassen keinen Rückschluss auf den Willen Gottes zu.

> Jesus Christus, wie er uns in der Heiligen Schrift bezeugt wird, ist das eine Wort Gottes, das wir zu hören, dem wir im Leben und im Sterben zu vertrauen und zu gehorchen haben.
> Wir verwerfen die falsche Lehre, als könne und müsse die Kirche als Quelle ihrer Verkündigung außer und neben diesem einen Worte Gottes auch noch andere Ereignisse und Mächte, Gestalten und Wahrheiten als Gottes Offenbarung anerkennen.

So lautet die erste These der theologischen Erklärung der Bekenntnissynode von Barmen vom 29. bis 31. Mai 1934.

Die Bekennende Kirche bildete heimlich selbst Pastoren aus. Einer der Dozenten war Dietrich Bonhoeffer. Er gehörte zum

Kreis derer, die am Attentat vom 20. Juli beteiligt waren. Seine theologische Begründung für diesen geplanten Tyrannenmord war, dass die Christen sich nicht darauf beschränken dürften, die Opfer unter dem Rad zu verbinden. Vielmehr müssten sie selbst aktiv dem Rad in die Speichen fallen, damit es gar nicht erst zu Opfern kommt. In diesem Zusammenhang bezog die Bekennende Kirche klar Stellung gegen die Massentötung so genannten lebensunwerten Lebens und gegen den Völkermord an den Juden.

Bonhoeffer wurde nach dem gescheiterten Attentat gefangengenommen. Wenige Monate vor seiner Hinrichtung im Konzentrationslager dichtete er das Lied *Von guten Mächten wunderbar geborgen.*

Für die katholische Kirche gab es aufgrund ihrer Struktur, die durch den Papst in Rom geprägt war, eine andere Vorgehensweise und andere Reaktionen. Hitler schloss mit der katholischen Kirche ein Konkordat. Dieser Vertrag mit dem Vatikan verlieh Hitler die Anerkennung der katholischen Christen; auf der anderen Seite sicherte er der katholischen Kirche die ungestörte Religionsausübung in Form von Gottesdienst und Religionsunterricht zu. Der Widerstand blieb auch hier auf Einzelne beschränkt.

Nach 1945 kehrte die Bundesrepublik wieder zu der hinkenden Trennung der Weimarer Verfassung zurück. Kirche und Staat bleiben grundsätzlich getrennt, aber die Kirchen behalten einige Privilegien wie das Recht, Kirchensteuern zu erheben und in öffentlichen Schulen Religionsunterricht zu erteilen. Laut Verfassung hat der Staat zwar weltanschaulich neutral zu sein, aber aufgrund der Erfahrung mit der menschenverachtenden Ideologie des Nationalsozialismus wird der evangelische und der katholische Religionsunterricht an öffentlichen Schulen im Grundgesetz verankert.

11. Religionskritik

Ludwig Feuerbach

Gott ist eine Erfindung des Menschen. Es gibt gar keinen Gott; es gibt nur das Bedürfnis des Menschen, an einen Gott zu glauben. Aber woher kommt dieser weltweit verbreitete Glaube an Gott, wenn Gott gar nicht existiert?
Dieser Frage geht Ludwig Feuerbach nach und kommt dabei zu einer Erkenntnis, die unter dem Begriff »Projektionstheorie« in die Philosophiegeschichte eingegangen ist.
Die Antriebsfeder jedes Menschen ist der Wunsch, glücklich zu sein. Alles Denken und Handeln eines Menschen dient dem Zweck, glücklich zu werden. Nun hat jeder Mensch bereits von Natur aus viele Eigenschaften und Fähigkeiten, die ihn eigentlich glücklich und zufrieden machen könnten. Jeder Mensch erlebt sich zum Beispiel als jemanden, der denken kann und etwas weiß. Trotzdem macht ihn das auf Dauer nicht glücklich, denn immer wieder begegnet er Menschen, die klüger sind und mehr wissen. Das Gleiche gilt von der eigenen Körperkraft, der eigenen Gesundheit, dem eigenen Gerechtigkeitsempfinden oder der Fähigkeit zu lieben. Jeder Mensch trägt etwas von diesen Eigenschaften in Ansätzen in sich, doch immer gibt es Menschen, die noch stärker, gesünder, gerechter, liebesfähiger oder glücklicher sind. Im Vergleich mit den anderen erlebt der Mensch sich als Mängelwesen, das mit einem Defizit behaftet ist. Die eigenen Fähigkeiten machen ihn nicht glücklich, denn die eigene Unvollkommenheit ist für ihn eine Quelle der Unzufriedenheit.
Weil der Mensch aber den unbändigen Wunsch hat, glücklich zu sein, stellt er sich nun ein Wesen vor, das all diese Eigen-

schaften in sich vereinigt, die der Mensch gerne hätte, aber nicht hat. Dieser Vorgang ist allerdings dem Menschen nicht bewusst.
Die Götter sind die in wirkliche Wesen verwandelten Wünsche des Menschen, sagt Feuerbach. Der Mensch projiziert seine Wünsche auf ein nicht vorhandenes Jenseits. Der Glaube an die Unsterblichkeit entspringt dem Wunsch des Menschen, nicht sterben zu müssen. Unser Wunsch nach Macht, Wissen, Geborgenheit und Vollkommenheit findet seinen Ausdruck in unserer Vorstellung von Gott als einem allmächtigen, allwissenden, liebenden und vollkommenen Wesen. Deshalb finden sich die besten Eigenschaften der Menschheit in den Eigenschaften Gottes wieder, hier aber in vollkommener und von menschlichen Mängeln befreiter Form.
Die Wissenschaft, die sich mit Gott befasst, ist ableitbar aus der Wissenschaft über den Menschen. So führt Feuerbach die Theologie auf die Anthropologie zurück. Der Mensch erfindet Gott und die Religion, weil er ein Wesen braucht, das ihn schützt und ihm seine Wünsche erfüllen kann. Nur so kann der Mensch sich in dieser Welt geborgen fühlen. Auf diese Weise betrügt der religiöse Mensch sich selbst, ohne es zu merken.
Karl Marx hat aus Feuerbachs These die politischen Konsequenzen gezogen.

Karl Marx

Religion ist das Opium des Volkes. Mit diesem Zitat von Karl Marx lässt sich dessen Einstellung zur Religion zusammenfassen.
Das Volk, das sind für Marx die zahllosen Arbeiter, die für einen Hungerlohn täglich 16 Stunden und mehr im brüllenden Lärm der Dampfmaschinen in ungelüfteten Indus-

triefabriken an den Fließbändern stehen. Wenn sie vor Müdigkeit und Unachtsamkeit einen Arm in der Maschine verlieren, werden sie fristlos und ohne Entschädigung entlassen, denn draußen wartet ein Heer von Arbeitslosen auf ihren Arbeitsplatz.
Weil der Lohn zum Überleben der Familie nicht reicht, arbeiten auch die Kinder.
Für diese Menschen wirkt Religion wie Opium. Sie betäubt ihre Verzweiflung über die ausweglose Lage, indem sie auf ein besseres Jenseits vertröstet. Sie benebelt den klaren Blick auf die erbärmlichen Verhältnisse und verhilft für einen kurzen Augenblick zur Flucht aus dem eigenen Elend. Die Religion beruhigt: Dieses elende Leben ist eine göttliche Prüfung und wird im Jenseits göttlich belohnt werden.
Wer vom Opium der Religion betäubt wurde, der will seine Situation nicht mehr verändern. Die Religion hilft dabei, dass die Umstände so bleiben, wie sie sind. Damit unterstützt die Religion die Fabrikbesitzer, die ihre Arbeiter weiter ausbeuten können und dabei immer reicher werden. Und damit unterstützt die Religion die Macht und den Einfluss der Kirchen.
Karl Marx erkannte: Es genügt nicht, theoretisch über diese unmenschlichen Verhältnisse nachzudenken. Es muss etwas geschehen:

> Die Philosophen haben die Welt nur verschieden interpretiert; es kommt darauf an, sie zu verändern.

Der ausgebeutete Mensch muss aus seinem Elend herausgeholt werden. Die elenden Lebensumstände und Arbeitsbedingungen müssen verändert werden.
Wer aber unter Drogen steht, der kann nichts verändern. Deshalb ist die Veränderung der Umstände und die Abschaffung der Religion dasselbe. Marx ist überzeugt: Solange es Religion gibt, wird sie die Veränderung der Umstände verhindern.

Friedrich Nietzsche

Gott ist tot. Und wir haben ihn getötet. Natürlich weiß auch Nietzsche, dass Gott nicht sterben kann. Schließlich ist Nietzsche Pastorensohn und in einem evangelischen Pfarrhaus aufgewachsen. Als Philologieprofessor beherrscht er perfekt Griechisch, die Sprache des Neuen Testaments. Was also meint Nietzsche mit seinem Satz, wir hätten Gott getötet?
Nietzsche erkennt den Fortschrittsoptimismus seiner Epoche und zieht in fast prophetischer Weise die Konsequenzen für die Zukunft.
Nicht Gott lässt das Getreide für unser tägliches Brot auf den Feldern wachsen, dafür sorgt der Kunstdünger, den Justus Liebig erfand.
Gott bestraft die Menschen nicht für ihre Sünden mit Krankheiten. Die kommen durch mangelnde Hygiene und bakterielle Verunreinigungen zustande.
Deshalb helfen auch keine Bittgebete für den Kranken, sondern Penicillin.
Gott hat nicht den Menschen zu seinem Ebenbilde geschaffen, denn der Mensch stammt von Primaten ab und hat sich durch Selektion höher entwickelt.
Gott hat nicht die Welt um den Menschen als Mittelpunkt herum geschaffen, denn die Erde ist ein Staubkorn irgendwo in einem unendlichen Kosmos.
Der Mensch hat Gott getötet, indem er sein Leben selbst in die Hand genommen hat. Mit Vernunft und Verstand kann der Mensch jedes Problem der Welt selbst lösen. Gott wird nicht nur überflüssig, für ihn ist überhaupt kein Platz mehr. Naturwissenschaft und Technik werden bald alles erklären und bewältigen können.
Für Nietzsche ist damit das Ende aller Metaphysik gekommen. Nicht nur Gott ist tot. Alles, was wir als Jenseits, was die Chris-

ten als Himmel oder Ewigkeit und was die Philosophen als Transzendenz oder Metaphysik bezeichnen, alles das wischen die naturwissenschaftliche Erkenntnis und der technische Fortschritt weg. Gott ist tot, das bedeutet: Es gibt überhaupt kein Jenseits. Es gibt nur dieses Diesseits. Deshalb fordert Nietzsche die Menschen auf, sich der Erde zuzuwenden und sich nicht um jenseitige Hinterwelten zu kümmern.

Dieser Tod Gottes hat natürlich Konsequenzen. Früher hat Gott dem Menschen einen Wert und der Welt einen Sinn gegeben. Diese Aufgabe muss nun der Mensch selbst übernehmen.

Früher war Gott oben und der Mensch unten. Nun muss in einer Welt, in der es keinen Gott mehr gibt, der Mensch selbst das Oben und Unten bestimmen. Die ethischen Regeln entnimmt Nietzsche den Gesetzen der Natur. Im Tierreich überlebt der Stärkere. Das muss in einer rein diesseitigen Welt auch für den Menschen gelten. Der »Wille zur Macht« ist dem Menschen von Natur aus eingegeben. Das Christentum hat die Liebe zu den Schwachen und Kranken gepredigt. Das ist falsch. Diese Ethik aus Gehorsam, Demut und Dienen ist eine Moral für Sklaven. Sie ist unnatürlich und lässt die Menschen verkümmern, statt die Anlagen und Fähigkeiten der Menschen zur vollen Entfaltung zu bringen.

Deshalb fordert Nietzsche die Umwertung aller Werte. Die christliche Sklavenmoral war ein Irrweg. Stattdessen muss der Mensch sein Schicksal und seine Selbstverwirklichung selbst in die Hand nehmen. So wie der Seiltänzer auf dem Seil über den Abgrund von einem Punkt zum anderen voranschreitet, immer den möglichen Untergang vor Augen, so soll auch der Mensch zum Übermenschen voranschreiten und sich höher entwickeln. Er muss seinen Machtwillen gegen Schwächere durchsetzen und sich so die besten Voraussetzungen für die eigene Selbstentfaltung schaffen. So wie der Mensch sich des

Affen als seines Vorgängers schämt, so wird sich der Übermensch des Menschen als Vorgänger schämen.
Es gibt keinen Gott, der für die Menschen sorgt. Es hat ihn nie gegeben. Aber erst jetzt ist diese Erkenntnis am Tage, behauptet Nietzsche.
Der Mensch kann sich also nicht aussuchen, ob er ohne Gott leben will. Es bleibt ihm gar keine andere Wahl. Er muss sich selbst an die Stelle Gottes setzen und dessen Aufgaben übernehmen. Dabei kann es geschehen, dass der Mensch sich tatsächlich »übernimmt«. Das ist dann zwar für den Menschen der Untergang, aber besser beim Übergang zum Übermenschen untergehen, als mit dem Pöbel selbstzufrieden ein mittelmäßiges Leben zu fristen.

Sigmund Freud

Sigmund Freud unterwarf die Religion von einem psychoanalytischen Ansatz her einer radikalen Kritik. Als Jude wusste er aus eigener Erfahrung um die Gesetzmäßigkeiten gelebter Religion. Zu seiner Zeit war es absolut verpönt, über sexuelle Dinge offen oder sogar öffentlich zu sprechen. Freuds Betonung des menschlichen Sexualtriebes wurde von seinen Zeitgenossen als Tabubruch empfunden. Er schuf sich mit seinen Lehren viele Feinde. Das hatte unterschiedliche Gründe.
Zum einen diagnostizierte er bei den Menschen ein übersteigertes Mittelpunktsbewusstsein. Die Erkenntnisse der Wissenschaft hätten zu drei Kränkungen dieser Eigenliebe des Menschen geführt.
Die erste kränkende Erkenntnis folgte laut Freud aus der kopernikanischen Wende. Bis dahin fühlte sich der Mensch als Mittelpunkt der Welt. Weil der Mensch dachte, dass sich sogar

die Sonne um die Erde dreht, fühlte sich der Mensch als Zentrum der göttlichen Schöpfung. Nikolaus Kopernikus fügte diesem stolzen Selbstbewusstsein eine schwere Kränkung zu, indem er die Erde mit den Menschen aus dem Mittelpunkt stieß und an den Rand drängte. Die Sonne bildet den Mittelpunkt; die Erde dreht sich um sie.

Die zweite kränkende Erkenntnis folgte laut Freud aus den Forschungsergebnissen von Charles Darwin. Bis dahin glaubte der Mensch, er sei die Krone der Schöpfung. Von Gott als Ebenbild Gottes ausgestattet und von ihm beauftragt mit der Herrschaft über die übrige Kreatur, dachte der Mensch, ihm käme eine zentrale Stellung innerhalb der Kreaturen zu. Darwin kränkte dieses stolze Selbstbewusstsein, indem er den Menschen zu einem Produkt evolutionsbiologischer Vorgänge machte. Der Mensch ist kein Meisterwerk göttlicher Hände, sondern Abkömmling der Säugetiere und Primaten. Der Mensch ist mit den Tieren verwandt; seine animalische Natur gehorcht bis heute den Gesetzen der Evolution.

Die dritte Kränkung der menschlichen Eigenliebe folgte aus den Lehren Freuds selbst. Bis dahin dachte der Mensch, seine Vernunft zeichne ihn vor allen anderen Lebewesen aus. Der Mensch sei das Wesen, das sich seiner selbst bewusst ist, das denken, sprechen und bewusst entscheiden kann. Die Vernunft des Menschen bestimmt sein Handeln und seine Natur.

Freud entlarvt den Menschen als triebgesteuertes Wesen, das zwar Vernunft hat, aber nicht vernünftig handelt, weil es seinen unbewussten Trieben ausgeliefert ist. Der Mensch ist nicht Herr im eigenen Haus.

Freud begründet diese These mit seiner Lehre von den drei Instanzen: Ich, Es und Über-Ich. Sie sind in der Psyche jedes Menschen wirksam.

Als Ich bezeichnete Freud das bewusste und vernünftige Handlungsvermögen des Menschen. In diesem Bereich ist der

Mensch sich seiner Identität bewusst und nimmt sich selbst als Gegenüber von anderen Menschen wahr. Dieses Ich ist laut Freud aber nur einer von drei Bereichen.
Das Ich wird zum Beispiel beeinflusst von Regeln und Grundsätzen, die im Über-Ich gespeichert sind. Moralvorstellungen über Gut und Böse, gesellschaftliche Normen darüber, was man tut und was sich nicht gehört, die Regeln der Religion, in der die Person aufgewachsen ist, Wertvorstellungen und Verbote, alles das wird von frühester Kindheit an im Über-Ich angesammelt und bildet dort eine moralische und auch richtende Instanz.
Zu einem schlechten Gewissen kommt es immer dann, wenn diese Ansammlung von Regeln in Konflikt gerät mit der dritten Instanz, die das Handeln einer Person beeinflusst: das Es. Das Es liegt im Bereich des Unbewussten. Hier sind Triebe und Grundbedürfnisse aktiv, die zwar unser Handeln bestimmen, über die wir aber keine bewusste Auskunft geben können. Der Wunsch nach Anerkennung und Zuneigung, der Geltungs-, Freiheits-, Sexual- und Selbsterhaltungstrieb – alles das steuert unser Verhalten, ohne dass wir es im Augenblick des Handelns bemerken. Deshalb ist der Mensch nicht Herr im eigenen Haus.
Der Trieb kann einen Menschen zu einer Handlung veranlassen, die das Über-Ich verurteilt. Die Folge ist ein schlechtes Gewissen. Die Aufgabe des Menschen besteht darin, sich sowohl seiner Triebstruktur als auch seiner oft unbewussten Wertvorstellungen bewusst zu werden. Oder mit den Worten Freuds: *Wo Es war, soll Ich werden.*
Für Freud liegt das Geheimnis des Menschen in seinem Unbewussten. Dieses Unbewusste schützt sich selbst, denn bestimmte geheime Gedanken und Wünsche dürfen nicht ins Bewusstsein treten, weil sie den Wertvorstellungen des Über-Ich widersprechen. Der Mensch würde sich seiner unbewuss-

ten Triebe schämen. Um dennoch einen Zugang zum Unbewussten eines Menschen zu finden, entwickelt Freud die Methode der Psychoanalyse. Der Weg zum Unbewussten sind für ihn die Träume. Im Traum treten jene geheimen Wünsche ans Licht, für die ein Mensch sich im Wachzustand schämen würde und die deshalb ins Unbewusste verdrängt werden.

Freuds Deutung der Religionen ist stark von diesen psychoanalytischen Voraussetzungen geprägt. Weshalb haben fast alle Menschen ein bleibendes Bedürfnis nach Religion? Freud geht zur Beantwortung dieser Frage in die Zeit der Kindheit zurück. Wenn ein Kind sich fürchtet, weil draußen ein furchtbares Gewitter tobt, dann läuft es zu seinen Eltern und kuschelt sich bei ihnen an. Schon hat es weniger Angst, denn nun ist es geborgen bei jemandem, der größer und mächtiger ist als es selbst. Dieses Verhalten des Kindes ist äußerst wirksam. Es fühlt sich getröstet mitten in Angst und Gefahr.

Weil sich dieses Verhalten in der Kindheit bewährt hat, so Freud, wird dieses Verhaltensmuster später ständig wiederholt, auch wenn das Kind inzwischen längst erwachsen geworden ist. Weil aber der Erwachsene keinen Vater mehr hat, der mächtiger und größer ist als er, deshalb werden diese Eigenschaften einem himmlischen Vater zugeschrieben, der groß und allmächtig ist. Bei ihm fühlt der erwachsene Mensch sich geborgen. Die Religion liefert also den Erwachsenen das gleiche Entlastungsgefühl, wie es Kinder in der Nähe ihrer Eltern erleben. Die Seele erlebt eine große Entlastung und der sehnliche Wunsch nach Schutz mitten in der Hilflosigkeit geht in Erfüllung. Solange der Mensch von diesem Wunsch erfüllt ist, solange wird es Religionen geben.

Die Aufgabe des Menschen besteht darin, sich seines kindischen Verhaltens bewusst zu werden und tatsächlich erwachsen zu werden, indem er selbstständig und mutig gegen

die Nöte und Widerstände des Lebens kämpft, ohne sich auf eine höhere Macht zurückzuziehen.
Alle Religionen kennen feste Rituale, die den Umgang mit dem Heiligen ermöglichen. Beten, singen, knien und sich bekreuzigen, alles das sind Rituale, die nach einer festen Ordnung ablaufen. Hier sieht Freud Parallelen zu einer bestimmten Form der psychischen Krankheit, nämlich zur Zwangsneurose. Ein Zwangsneurotiker muss ein umfangreiches Regelwerk, das er sich selbst auferlegt hat, genauestens befolgen. Bci einem Waschzwang zum Beispiel kann das die genaue Zahl der Sekunden am Wasserhahn oder die Anzahl der Waschungen sein, ausgelöst etwa durch einen »schmutzigen« Gedanken. Das kann bis zur Zerstörung der Haut und zu völliger Lebensunfähigkeit führen.
Freud sieht im religiösen Verhalten der Menschen eine ähnliche psychische Störung. Deshalb bezeichnet er die Religion als »kollektive Zwangsneurose«. Hier leidet nicht nur ein einzelner Mensch unter seiner individuellen Krankheit, sondern hier folgt die gesamte Gruppe der Gläubigen einem zwangsneurotischen Ritual, das bis ins Detail durchgeführt und eingehalten werden muss, um ein schlechtes Gewissen und Schuldgefühle Gott gegenüber zu vermeiden.

Albert Camus

Gott gibt es nicht. Das Leben ist sinnlos. Das ist die Ausgangssituation bei Camus. Es ist sinnlos, wenn ein Mensch sein Leben damit verbringt, Gott zu suchen. Er kann ihn nicht finden, weil es ihn nicht gibt. Dasselbe gilt laut Camus auch für den Sinn des Lebens. Es ist sinnlos, wenn ein Mensch sein Leben damit verbringt, einen Sinn in seinem Leben zu suchen. Er kann ihn nicht finden, weil das Leben keinen Sinn hat.

Auch die Welt hat keinen Sinn. Jegliche Sinnsuche ist also sinnlos. Das ändert aber nichts an der Tatsache, dass wir existieren. Es gibt den Menschen, es gibt die Welt, aber es gibt keinen Sinn. Es gibt nur die nackte Existenz des Menschen in der Welt. Damit stellt sich die Frage: Wie soll der Mensch eigentlich seine Lebenszeit auf dieser Erde verbringen? Wenn nichts Sinn hat, ist dann nicht die Selbsttötung der einzige konsequente Ausweg? Camus sieht das anders. Für ihn besteht die Lebensaufgabe des Menschen darin, das eigene Leben zu nutzen, um sich gegen die Sinnlosigkeit des Lebens aufzulehnen. Nicht, indem der Mensch nun doch wieder einen Sinn im Leben sucht, sondern indem er seine Existenz in die eigene Hand nimmt und sich über die Sinnlosigkeit erhebt. Das Leben ist absurd. Und es bleibt absurd, egal, was der Mensch aus seinem Leben macht. Aber die eigentliche Herausforderung des Lebens sieht Camus darin, gegen die Sinnlosigkeit zu revoltieren. Wer aus Trotz gegen die Sinnlosigkeit seine eigene Existenz ergreift und gestaltet, ohne Aussicht auf Sinn, Erfolg oder jenseitige Belohnung, der ist der größten Berufung gefolgt, die es für einen Menschen geben kann: das Leben in der Revolte gegen die Sinnlosigkeit, ohne sich der Absurdität dieses Lebens zu unterwerfen, sondern sich heldenhaft gegen die Sinnlosigkeit der Welt zu stemmen und in innerer Freiheit darüberzustehen. Diese Deutung des Lebens als absurd und sinnlos ist in die Philosophiegeschichte unter dem Begriff des »Existentialismus« eingegangen.

Albert Camus illustriert seine existentialistische Einstellung am Mythos von Sisyphos. Die antike griechische Mythologie erzählt von Sisyphos, der den Göttern ungehorsam war und deshalb von ihnen bestraft wurde. Seine Strafe bestand darin, einen schweren Felsbrocken einen Berg hinaufzurollen. Das Furchtbare an der Strafe war, dass dieser Felsbrocken immer wieder ins Tal hinunterrollte, kurz bevor Sisyphos den Gipfel

des Berges erreicht hatte. Die Götter hatten also eine ewige, niemals endende Strafe über Sisyphos verhängt. Der ganze Krafteinsatz, der Schweiß und die Schmerzen waren vollkommen sinnlos. Das gesamte Geschehen war absurd. Eine schlimmere Strafe ist für einen Menschen kaum vorstellbar.
Camus wendet diesen Mythos auf die aktuelle Situation der Menschen an und zieht bemerkenswerte Parallelen:

> Heutzutage arbeitet der Werktätige sein Leben lang unter gleichen Bedingungen, und sein Schicksal ist genauso absurd.

Aber dann vollzieht Camus die radikale Umdeutung dieses Mythos, indem er dessen Aussage ins Positive wendet:

> Es gibt kein Schicksal, das durch Verachtung nicht überwunden werden kann. Wir müssen uns Sisyphos als einen glücklichen Menschen vorstellen.

Für Camus ist und bleibt die Welt ein absurdes Spektakel. Der einzige Ausweg aus diesem Dilemma besteht für ihn darin, einverstanden zu sein mit der eigenen, absurden Existenz.
Ist solch ein sinnloses Leben überhaupt wert, gelebt zu werden? Die Antwort von Camus lautet: In einer absurden Welt ist einzig und allein humanes Handeln die richtige Antwort auf diese Frage.
1957 erhielt Camus den Nobelpreis für Literatur.
Am 4. Januar 1960 kam Camus bei einem Autounfall ums Leben. Sein Sportwagen raste gegen einen Baum. Camus war sofort tot. In seiner Tasche fand man einen Fahrschein für die Bahn. Er hatte eigentlich mit dem Zug fahren wollen. Absurd.

12. Weltreligionen

Buddhismus

Buddha lebte von etwa 560 bis 480 vor Christus. Der Buddhismus ist also 500 Jahre älter als das Christentum.
Es ist relativ sicher, dass Buddha ursprünglich Siddharta Gautama hieß. Er stammte aus einer Adelsfamilie. Der Name »Buddha« wurde ihm später beigelegt und bedeutet »der Erleuchtete«. Buddha wuchs in Nordindien auf, wo er den Hinduismus kennenlernte. Daher stammen die vielen Ähnlichkeiten zwischen Buddhismus und Hinduismus. Buddha war verheiratet und hatte einen Sohn.
Bei allen weiteren Aussagen ist nicht sicher, ob sie noch historisch oder bereits Legendenbildung sind. So wird überliefert, Buddhas Vater habe versucht, alles von ihm fernzuhalten, was ihn als Heranwachsenden auf das Elend der Welt aufmerksam machen konnte. Das gelang ihm jedoch nicht. Heimlich unternahm Buddha vier Ausfahrten aus der wohlbehüteten Welt des väterlichen Palastes. Bei diesen Ausfahrten begegnete ihm das Leid auf vier unterschiedliche Weisen. Bei der ersten Ausfahrt begegnete er einem Greis, bei der zweiten einem Kranken, bei der dritten einem Leichenzug und bei der vierten einem asketischen Mönch.
Alter, Krankheit, Tod und Leiden, das alles fasst Buddha zusammen unter dem zentralen Stichwort Leid. Damit hatte Buddha sein Lebensthema gefunden, mit dem er sich von nun an beschäftigte.
Er verließ seine Frau und seinen neugeborenen Sohn. Auf dem Weg des Verzichts suchte er nach Erkenntnis. Er hungerte bis

zur völligen Entkräftung und erkannte, dass dieser Weg der radikalen Askese falsch war.
Danach meditierte er unter einem Feigenbaum sitzend. Nach sieben Jahren erlangte er die Erleuchtung.
Von nun an wählte er den »mittleren Weg«, also weder den totalen Verzicht der Askese noch das sinnenfrohe, weltliche Vergnügen. Er erzählte seinen ersten Schülern von seinen Erkenntnissen und setzte so das Rad der Lehre in Bewegung.
Kern seiner Lehre war die Überwindung des Leides, denn das gesamte Leben sah Buddha als Leidenszusammenhang.
Seine Lehre fasst Buddha in den »vier edlen Wahrheiten« und im »achtfachen edlen Pfad« zusammen.
Die vier edlen Wahrheiten besagen Folgendes:

1. Alles Leben ist Leiden. Geburt, Krankheit, Alter und Tod sind Leiden. Daran ändern auch Erfahrungen von Glück und Freude nichts, denn sie sind vergänglich und münden letztlich wieder in neues Leiden.
2. Alles Leiden hat seine Ursache in der Begierde und in dem Durst nach Lust, Leben und Wohlgefühl.
3. Die Aufhebung dieses Durstes bedeutet zugleich die Aufhebung des Leidens.
4. Den Weg zur Aufhebung des Leides führt der achtfache Pfad.

Dieser achtfache Pfad umfasst
- erstens die richtige Anschauung, nämlich das Wissen um Entstehung und Aufhebung des Leides;
- zweitens die richtige Gesinnung, die frei ist von Begierde, Übelwollen und Gewalttätigkeit;
- drittens das richtige Reden, also den Verzicht auf Lügen, Meckern und Quasseln;
- viertens das rechte Handeln, also den Verzicht auf Töten, Stehlen und sexuelle Fehltritte;

- fünftens das richtige Leben, indem man seinen Lebensunterhalt in moralisch guter Weise verdient und nicht durch Schwindel, Wahrsagerei, Waffenhandel, Alkohol oder als Schlachter, Jäger, Räuber, Henker oder Gefängniswärter;
- sechstens das richtige Streben, nämlich schlechte Gemütsregungen gar nicht erst entstehen zu lassen und die guten zu vermehren;
- siebtens richtiges Überdenken, nämlich seinen Körper, die eigenen Empfindungen und Gedanken besonnen zu betrachten und
- achtens richtiges Sich-Versenken, also das Verweilen in der meditativen Achtsamkeit.

Das ist der Weg.
Als Samsara bezeichnet Buddha den ewigen Kreislauf der Wiedergeburten, in dem das leidvolle Dasein sich befindet. Wiedergeboren zu werden ist also kein erfreuliches, sondern ein leidvolles Ereignis, von dem ein Buddhist erlöst werden möchte. Angetrieben wird dieser Kreislauf durch den Durst und die Gier nach Lust und Werden.
Als Karma bezeichnet Buddha das kosmische Gesetz, das reguliert, in welcher Form diese Wiedergeburt geschieht. Das Karma-Gesetz zieht am Ende eines Lebens eine positive oder eine negative Bilanz. Die Einstellungen, Motive und Taten eines Lebens bestimmen als Ursache, in welcher Form nach dem Tod die Wiedergeburt erfolgt, z. B. als niederes Tier oder auch die Wiedergeburt im Götterreich, doch auch sie befreit nicht vom Kreislauf der Wiedergeburten!
Der Buddhismus kennt anders als der Hinduismus keine individuelle, ewige Seele. Es wird also nicht die Seele wiedergeboren, sondern durch die im Leben angesammelten Taten wird eine Energie angesammelt. Dieser Karma-Impuls wird dann an ein neues Wesen weitergegeben, so wie eine Billard-

kugel den Stoßimpuls an die getroffene Kugel weitergibt. Es gibt also keine Seelenwanderung. Vom Sterbenden selbst wandert nichts in die neue Existenz hinüber. Insofern ist der Begriff Wiedergeburt sachlich nicht ganz richtig, zutreffender wäre die Bezeichnung Wiederverkörperung.
Erlösung aus diesem ewigen Kreislauf gibt es nur im Nirwana, also dem Verlöschen des Durstes. Diese Erlösung ist zu erreichen, indem man im Leben versucht, möglichst wenig Karma-Energie anzuhäufen, um so den Kreislauf der Wiederverkörperungen zum Erliegen zu bringen. Dies gelingt am besten durch Achtsamkeit und Meditation.
Der Buddhismus hat also ein zyklisches Verständnis der Zeit. Der Mensch durchlebt viele Existenzen, bis er im Nirwana von diesem Kreislauf der ewigen Wiederkehr erlöst ist.
Das jüdisch-christliche Zeitverständnis ist linear ausgerichtet. Es gibt einen Anfang in Form eines Urknalls oder der Erschaffung der Welt. Und die Weltgeschichte läuft unumkehrbar auf ein Ende zu in Form eines kosmischen Kältetodes oder eines Jüngsten Gerichts. Die Geschichte der Welt und des persönlichen Lebens kann nicht wiederholt werden.
In unserer westlichen Kultur ist vor allem der tibetische Buddhismus bekannt, dessen Oberhaupt der Dalai-Lama ist.
Der Zen-Buddhismus ist in Japan zuhause und vor allem durch seine Meditationstechniken wie das Bogenschießen in Europa bekannt geworden. Ein Zen-Meister kann nicht nur mit geschlossenen Augen einen Pfeil ins Schwarze der Zielscheibe schießen. Er kann sogar aus tiefer Meditation heraus bei geschlossenen Augen mit einem zweiten Pfeil diesen ersten Pfeil treffen und spalten.
Was macht den Buddhismus für Europäer anziehend?
Der Buddhismus setzt keinen Glauben an einen Gott voraus. Das Gebet als Gespräch mit Gott spielt keine Rolle. Im Buddhismus ist niemand auf Gnade angewiesen. Der Buddhismus

lehrt den Weg der Selbsterlösung. Jeder ist für sich selbst verantwortlich, denn alles hängt vom eigenen Tun ab. Dieses Leben steht als Ursache in einem direkten Zusammenhang mit dem Leben, das danach kommt. Dieser Kausalzusammenhang ist für europäisches Denken einleuchtend. Jeder ist selbst verantwortlich für das Leben, das ihm widerfährt.

Andererseits stellt der Buddhismus auch einen krassen Gegensatz zum europäischen Denken dar. Wir werden in der Regel aktiv, um etwas anderes zu erreichen. Wir verfolgen mit unserem Tun immer einen Zweck.

Der Buddhismus will von diesem Zwang befreien, immer etwas erreichen zu müssen. Die höchste Kunst besteht darin, etwas zu tun, ohne nach dem Nutzen zu fragen. Buddhistische Mönche malen mit buntem Sand tagelang kunstvolle Mandalas, um sie dann zu zerstören und den Sand in den Fluss zu schütten.

Judentum

Als Friedrich der Große einen seiner christlichen Generäle aufforderte: »Nenne er mir einen Beweis für die Wahrheit der Bibel!«, antwortete dieser: »Majestät, die Juden.«

Diese Anekdote macht deutlich: Nach menschlichem Ermessen grenzt es an ein Wunder, dass es bis heute ein jüdisches Volk und eine jüdische Religion gibt. Kein anderes Volk der Erde hat über zweitausend Jahre seine Identität bewahrt, und zwar ohne eigenen Staat, trotz Benachteiligung und Verfolgung. Der Grund für dieses Wunder ist die jüdische Religion. Die Geschichte des Judentums ist fast so etwas wie ein »historischer Gottesbeweis«.

Sie beginnt mit Abraham etwa 1800 Jahre vor Christus. In Gen 12,1-3 wird erzählt, dass Abraham von Gott auserwählt wurde. Abraham erfüllte dafür keine Bedingung. Dieses Motiv zieht sich als roter Faden durch das gesamte Alte Testament.

Gott gab Abraham vier zentrale Versprechen, die mit den Stichworten Volk, Segen, Bund und Land verbunden sind.

Gott versprach Abraham, ihn zu einem großen Volk zu machen. Auch dafür erfüllte Abraham keine Bedingung. Im Gegenteil: Er und seine Frau Sara waren längst alt und immer noch kinderlos. Sara hatte die Wechseljahre schon lange hinter sich. Dass Sara durch Abraham dann doch noch Isaak zur Welt brachte, war ein Wunder Gottes. Damit wurde deutlich: Das Volk Gottes verdankte seine Existenz allein Gott und nicht menschlichem Vermögen.

Gott versprach dem Abraham, ihn zu einem Segen für alle Völker der Erde zu machen. Auch dafür erfüllte er keine Bedingungen. Im Gegenteil: Abraham gefährdete diesen Segen, indem er den Pharao betrog und Sara als eigene Schwester ausgab (Gen 12 und 20).

Gott schloss einen Bund mit Abraham. Das Bundeszeichen war die Beschneidung der Vorhaut.

Gott versprach dem Abraham ein eigenes Land. Aber Abraham wusste noch nicht, wo das sein würde. Um dieses von Gott versprochene Land streiten heute Israelis und Palästinenser, die inzwischen mehr als 1000 Jahre dort gelebt haben.

Abraham zeugte Isaak. Isaak zeugte Jakob. Jakob hatte 12 Söhne, die die Namen der 12 Stämme Israels tragen. So wird es im 1. Buch Mose erzählt.

Mose führte das Volk Israel aus der Sklaverei in Ägypten und brachte es in das verheißene Land Kanaan.

Die drei wichtigsten geschichtlichen Daten aus der biblischen Zeit sind die Jahre 1000 vor Christus, 586 vor Christus und 70 nach Christus.

Im Jahr 1000 vor Christus wurde aus einem lockeren jüdischen Stämmeverbund ein Königreich unter einem mächtigen König, nämlich David. Israel erlebte unter König David und dann unter seinem Sohn Salomo eine unglaubliche wirtschaftliche Blüte und militärische Machtentfaltung. Für die Juden wurde diese Zeit im Rückblick zum goldenen Zeitalter.
Im Laufe der Jahrhunderte traten immer wieder Propheten auf, die im Auftrag Gottes das falsche Leben der Könige und des Volkes anprangerten und zur Besserung aufforderten.
926 vor Christus wurde das Königreich gespalten in ein Nordreich mit einem eigenen König und in ein Südreich mit einem eigenen König. 722 vor Christus ging das Nordreich unter, weil die Assyrer es vernichteten.
Im Jahre 586 vor Christus kam die große Katastrophe: Auch das Südreich wurde von den Babyloniern unter Nebukadnezar erobert, der Tempel wurde zerstört und die jüdische Oberschicht deportiert. Alle, die lesen und schreiben, Verantwortung übernehmen oder ein Handwerk ausüben konnten, wurden weggeführt. Zurück blieben nur die alten und ungebildeten Leute.
Nach der damals geltenden Logik hätte das eigentlich das Ende des Judentums sein müssen. Die babylonischen Götter hatten sich als stärker erwiesen. Der Gott Israels hatte verloren. Ende. Doch das jüdische Volk deutete diese Niederlage anders. Ihr Gott Jahwe hatte Recht behalten. Er hatte zuvor die Propheten geschickt, um sein Volk zu warnen. Alle sollten sich an die Gebote halten und sich um die Armen, die Witwen und Waisen kümmern, sonst würde Gott sie bestrafen. Genau das war nun eingetreten. Die Juden deuteten ihre Niederlage als Strafe für ihre Vergehen. Sie hatten den Bund mit ihrem Gott gebrochen und gegen seine Regeln verstoßen. Nun lernten sie mitten in dieser Katastrophe ihren Gott ganz neu ken-

nen. Jahwe war nicht an Jerusalem und den Tempel gebunden; er war überall, sogar im Exil in Babylon.
Als die Perser unter König Kyrus Babylonien eroberten, durften die Juden 538 vor Christus wieder in ihr Land Israel zurückkehren. Dort bauten sie den Tempel wieder auf.
Im Jahr 63 vor Christus eroberten die Römer das Land Palästina. Sie setzten Statthalter wie zum Beispiel Pontius Pilatus ein. Aber 70 nach Christus zerstörten die Römer Jerusalem und den Tempel. Eigentlich hätte das Jahr 70 nach Christus das endgültige Ende des Judentums sein müssen. Der Tempel lag in Schutt und Asche.
Die Evangelien beschreiben, dass der Vorhang im Tempel in dem Augenblick zerriss, als Jesus am Kreuz schrie und starb. Dieser Vorhang verbarg das so genannte »Allerheiligste«. Das Allerheiligste war ein besonderer Raum im Tempel, den nur der Hohepriester einmal im Jahr am Versöhnungsfest nach umfangreichen kultischen Vorbereitungen betreten durfte. Niemand sonst durfte diesen heiligen Ort sehen. Die Evangelien erzählen, dass dieser Vorhang vollständig zerstört wurde. Sie wollen damit sagen: Der jüdische Kult ist am Ende. Jesu Tod am Kreuz eröffnet einen neuen Kult. Der Sohn Gottes bringt das endgültige Opfer ein für alle Male. Damit war der Kern der jüdischen Religion getroffen. Das Christentum erhob den Anspruch, das Judentum abzulösen.
Die Juden wurden nach der Zerstörung Jerusalems für fast 2000 Jahre in alle Welt zerstreut. Sie lebten ohne eigenes Land, ohne Tempel und ohne eigenen Staat in der Zerstreuung, in der so genannten Diaspora. Und sie überstanden eine fast 2000-jährige Geschichte der Benachteiligung und Verfolgung.
Bereits in den Evangelien wird eine judenkritische Darstellungsweise sichtbar. Sie entlasten zum Beispiel den Römer Pilatus, um die römischen Bürger für den christlichen Glau-

ben zu gewinnen. Aus historischen Quellen wissen wir jedoch, dass Pilatus als unnachgiebig und brutal galt. Er hatte keine Skrupel, mit jüdischen Aufrührern kurzen Prozess zu machen. Damit begründeten die Evangelien eine judenkritische Einstellung, die sich im Laufe der Geschichte als verheerend erweisen sollte.
Die Absicht der Kreuzzüge ab 1100 nach Christus war es, Jerusalem und das Heilige Land von den muslimischen Ungläubigen zu befreien. Da lag der Gedanke nahe, in der Heimat zu beginnen und die eigenen Städte durch Pogrome von den Juden, den so genannten »Gottesmördern«, zu reinigen. Später kam es besonders in den Pestzeiten zu solchen Übergriffen, weil ihnen vorgeworfen wurde, die Brunnen zu vergiften und dadurch die Seuchen zu verursachen. Es ist gut möglich, dass die Befolgung der religiösen Reinheitsgebote einen hygienischen Nebeneffekt hatte, so dass in den jüdischen Wohnvierteln weniger Pestopfer zu beklagen waren als anderswo. Das aber weckte natürlich das Misstrauen und den Argwohn der nichtjüdischen Mitbürger. Ab 1215 wurden Juden gezwungen, sichtbare Kennzeichen wie zum Beispiel einen Judenhut oder einen – meist gelben – Farbfleck auf ihrer Kleidung zu tragen. In vielen Städten mussten sie in abgegrenzten Ghettos wohnen. Ehrbare Handwerksberufe durften sie nicht ergreifen. So blieben ihnen nur Berufe wie Geldverleiher, Kaufmann und Händler oder Kürschner. Die Geschichte des Judentums ist eine Geschichte der Diffamierung und Verfolgung. Der nationalsozialistischen Judenvernichtung sind etwa sechs Millionen Juden zum Opfer gefallen.
Erst 1948 wurde der Staat Israel gegründet. In der Zwischenzeit war für die muslimischen Palästinenser das Land zu ihrer Heimat geworden. So erheben Israelis und Palästinenser einen Besitzanspruch auf das gleiche Land. Die bibeltreuen Juden begründen ihren Anspruch mit jenem Versprechen, das Gott

den Nachkommen Abrahams gegeben hat. Die Palästinenser begründen ihren Anspruch mit einem über tausend Jahre währenden Gewohnheitsrecht. Hier liegt einer der zentralen Streitpunkte im Nahostkonflikt.

Es waren zum großen Teil die religiösen und kulturellen Eigenarten, die dem Judentum geholfen haben zu überleben.

Jude ist, wer von einer jüdischen Mutter geboren wird, denn die Mutter ist gewiss, auch wenn der Vater manchmal nicht feststeht.

Acht Tage nach seiner Geburt wird bei jedem jüdischen Jungen die Vorhaut am Penis beschnitten, zur Erinnerung an den Bund, den Gott mit Abraham geschlossen hat.

Das 1. bis 5. Buch Mose wird im Judentum als Tora bezeichnet. Jeder jüdische Junge lernt, diese Heilige Schrift auf Hebräisch zu lesen. Mit 13 Jahren kann er Bar-Mizwa feiern. Dadurch wird er ein vollwertiges Mitglied der jüdischen Gemeinde und darf in der Synagoge aus der Tora vorlesen.

Von Freitagabend bis Samstagabend wird der Sabbat gefeiert. Die jüdischen Gläubigen gehen zum Gottesdienst in die Synagoge und verzichten auf eine Vielzahl von Tätigkeiten und Arbeiten, zum Beispiel Reisen, Putzen oder Kochen.

Viele Regeln betreffen die Zubereitung von Speisen. Schweinefleisch ist nicht erlaubt. Fleisch und Milchprodukte dürfen nicht zusammen zubereitet werden. Deshalb gibt es in vielen Küchen zwei Kühlschränke, einen für Fleischwaren und einen für Milchspeisen. Wenn eine Mahlzeit alle strengen Regeln erfüllt, wird sie als koscher bezeichnet.

Im jüdischen Kalender gibt es viele Feste, die mit Geschichten, Liedern und speziellen Mahlzeiten an wichtige Ereignisse aus der jüdischen Geschichte erinnern. Das Passahfest im Frühling erinnert an die Flucht der Israeliten aus Ägypten. Es dauert acht Tage.

Diese und viele andere Eigenheiten der jüdischen Religion

und Kultur führten dazu, dass die Juden immer wieder zu gesellschaftlichen Außenseitern wurden und gezwungenermaßen Parallelgesellschaften bildeten.
Es ist wichtig festzuhalten: Das Judentum ist die Mutterreligion von Christentum und Islam. Deshalb werden Judentum, Christentum und Islam als die drei abrahamitischen Religionen bezeichnet. Alle drei gehen auf Abraham zurück. Alle drei lehren einen strengen Monotheismus. Weil Abraham mit seiner Frau Sara zunächst kein Kind bekam, zeugte er mit Hagar, der Magd seiner Frau, einen Sohn, den sie Ismael nannte. Er gilt als der Stammvater der Muslime.
Jesus war Jude. Er wurde von einer jüdischen Mutter geboren und acht Tage nach seiner Geburt beschnitten. Jesus ist im jüdischen Glauben aufgewachsen. Das Christentum ist also aus dem Judentum entstanden. Deshalb steht die Heilige Schrift der Juden – nämlich das von den Christen als »alt« bezeichnete Testament – in der Bibel der Christen. Das Neue Testament ist ohne das Alte Testament nicht zu verstehen, denn das Neue Testament versteht sich als Erfüllung dessen, was im Alten Testament verheißen wird.
Es bleibt jedoch eine unaufhebbare Differenz. Die Juden teilen nicht die Auffassung der Christen, dass Jesus von Nazareth der erwartete Messias ist. Trotzdem bewerten viele jüdische Theologen Jesus sehr positiv. Er ist für sie ihr jüdischer Volksgenosse: Bruder Jesus.
Zugleich gibt es eine grundlegende Gemeinsamkeit. Jahwe, der Gott der Juden, ist auch nach christlicher Auffassung der Schöpfer der Welt – und darüber hinaus der Vater Jesu Christi. Insofern glauben Juden und Christen an denselben Gott.

Islam

Mohammed ist der Begründer des Islam. Er wurde wahrscheinlich 570 nach Christus in Mekka im heutigen Saudi-Arabien geboren. Der Islam ist also etwa 600 Jahre jünger als das Christentum.

Mit 25 Jahren heiratete Mohammed eine wohlhabende Witwe, die eine Spedition betrieb. Er kümmerte sich als Kaufmann um ihre Kamelkarawanen und lernte auf seinen Reisen viele verschiedene Religionen kennen, darunter auch das Judentum und das Christentum.

Irgendwann begann Mohammed, sich regelmäßig in eine Höhle zurückzuziehen und über die Fragen des Lebens nachzudenken. In dieser Höhle empfing er vom Erzengel Gabriel nach und nach Offenbarungen. Es wird betont, dass Mohammed Analphabet war und nicht schreiben konnte. Das bedeutet, dass er keinesfalls ein Schriftsteller oder der Verfasser des Korans ist. Er hat lediglich als Gefäß für die göttlichen Offenbarungen gedient, die er anschließend wortwörtlich einem Schreiber diktierte. Aus diesem Grund sehen viele Moslems den heute vorliegenden Koran in arabischer Sprache als wörtliche Kopie eines Urkoran, der im Himmel bei Allah aufbewahrt ist. Der Koran ist in 114 Kapitel unterteilt, die man Suren nennt.

Mohammed begann, die empfangenen Offenbarungen seinen Landsleuten in Mekka mitzuteilen, stieß dabei aber auf große Widerstände. Er verkündete zum Beispiel die Unterwerfung unter den einen und einzigen Gott: Allah. Er lehrte also einen strengen Monotheismus.

Die Menschen in seiner Umwelt waren jedoch polytheistisch geprägt. Sie verehrten viele verschiedene Götter gleichzeitig in Gestirnen, auf Bergen oder in Bäumen.

Mohammed fand zwar 70 Anhänger, wurde aber von den übrigen Bewohnern aus Mekka vertrieben.

Er floh mit seinen Anhängern im Jahr 622 nach Medina. Schon bald machten die dortigen Bewohner Mohammed zu ihrem Anführer und folgten seiner Religion. Deshalb wird das Jahr 622 zum Beginn der Zeitrechnung der Muslime. Ihr Kalender folgt jedoch nicht unserem Sonnenjahr, sondern dem Mondkalender.
Nachdem Mohammed als religiöser und politischer Führer Medina und die anderen Stämme in der Region zum Teil mit Waffengewalt hinter sich gebracht hatte, gelang es ihm im Jahr 630, Mekka zu besiegen. Die Mekkaner traten seiner Religion bei. Im Gegenzug war Mohammed bereit, ihr altes heidnisches Heiligtum, die Kaaba, als Wallfahrtsort der neuen Religion anzuerkennen.
Es folgte die rasante Ausbreitung dieses neuen Glaubens. Als Mohammed zwei Jahre später starb, war bereits die gesamte arabische Halbinsel muslimisch.
Tragendes Fundament sind neben dem Koran die fünf Säulen des Islam, die jeder Moslem einhalten sollte.

Die erste Säule besteht im Glaubensbekenntnis:

> Es ist kein Gott außer Allah und Mohammed ist sein Prophet.

Dieses Bekenntnis prägt das Leben und den Alltag eines Moslems. Es wird dem Neugeborenen ins Ohr geflüstert, es wird viele Male am Tag gebetet und der Muezzin ruft es vom Minarett. Wer dieses Bekenntnis vor muslimischen Zeugen ausspricht, ist damit zum Islam übergetreten.
Die zweite Säule besteht im Gebet, das fünf Mal am Tag, morgens, mittags, nachmittags, bei Sonnenuntergang und zur Nacht, zu sprechen ist. Der Beter wendet sich dabei in Richtung Mekka und befolgt eine feste Reihenfolge von Verbeugungen. Vor dem Gebet wird eine rituelle Waschung vollzogen, um sich für Gott kultisch zu reinigen. Aus demselben Grund beten Muslime auf Teppichen, um sich von einem

reinen Ort aus Gott zuzuwenden.
Die dritte Säule besteht darin, Almosen an arme und bedürftige Glaubensbrüder zu geben. Muslime, die in Armut leben und verschuldet sind oder die sich die Wallfahrt nach Mekka nicht leisten können, werden durch diese Almosensteuer unterstützt.
Die vierte Säule besteht im Fasten im Monat Ramadan. Während dieses Monats ist es Muslimen verboten, zwischen Sonnenaufgang und Sonnenuntergang zu essen, zu trinken oder Geschlechtsverkehr zu haben. Nach Sonnenuntergang ist das alles wieder erlaubt. Alkohol und Schweinefleisch sind grundsätzlich verboten. Schwangere, Schwerarbeiter, Kinder und Kranke können vom Fasten im Ramadan befreit werden.
Die fünfte Säule des Islam besteht in der Wallfahrt nach Mekka. Sie wird Hadsch genannt. Alle Muslime, die gesundheitlich und finanziell dazu in der Lage sind, sollen einmal im Leben nach Mekka pilgern. Danach dürfen sie den Ehrentitel Hadschi tragen. Während dieser zweiwöchigen Wallfahrt tragen die Pilger ein weißes Gewand. Es wird aufbewahrt und dient am Lebensende als Totengewand, in dem ihr Leichnam bestattet wird.
Besondere Beachtung verdienen die Gemeinsamkeiten und Unterschiede im Verständnis der Person Jesu.
Jesus ist ein wichtiger Prophet im Islam. Man kann seinen Namen in arabischer Schrift zusammen mit Abraham und Mose in den Moscheen, den muslimischen Gotteshäusern, an den Wänden finden.
Jesus wird im Islam Isa genannt.
Der Koran lehrt, dass Jesus von der Jungfrau Maria empfangen und geboren wurde. Das ist bemerkenswert. Jesus wurde also nicht auf natürliche Weise von einem Mann gezeugt, sondern von Gott in Maria geschaffen. Dennoch ist Jesus keinesfalls der Sohn Gottes. In Sure 19,35-36 ist der Koran ganz

eindeutig: Gott zeugt nicht und er hat keinen Sohn. Jesus hat also nicht etwa ein göttliches Wesen oder eine göttliche Natur. Gott hat Jesus durch sein göttliches, schöpferisches Wort geschaffen, so wie wir es auch aus Gen 1 kennen: Gott sprach und es wurde. Jesus ist Geschöpf und nicht Schöpfer.
Dennoch erzählt der Koran von Wundern Jesu, zum Beispiel in Sure 19,22-34. Hier kann sich Jesus bereits als Säugling mit Erwachsenen unterhalten.
Jesus ist laut Koran der Gesandte Gottes. Das Kreuz spielt im Islam keine Rolle, denn Jesus wurde nicht gekreuzigt; er ist nicht am Kreuz gestorben, sondern wurde von Gott zu sich in den Himmel erhoben. Stattdessen wurde jemand anderes an seiner Stelle gekreuzigt. Einige Ausleger meinen, es sei Judas Iskariot gewesen.
Der Koran lehnt jede Form von Trinität ab, denn das widerspricht dem monotheistischen Grundgedanken des islamischen Glaubenbekenntnisses.
Aus Sure 5,116-117 lässt sich allerdings schließen, dass Mohammed der Auffassung war, dass die Dreieinigkeit der Christen aus Gott Vater, Gott Sohn und der Jungfrau Maria bestand. Damit ist Mohammeds krasse Ablehnung der Trinität durchaus verständlich.
Zur Zeit Mohammeds gab es in Arabien eine christliche Sekte, die glaubte, dass Maria eine göttliche Person sei. Vermutlich hat Mohammed seine Meinung über die Trinität aus dem Glaubensgut dieser Sekte bezogen.

Die Begegnung der Religionen

In Kindergärten spielen Dreijährige miteinander, die unterschiedlichen Weltreligionen angehören. Und das ist auch gut so. Spätestens in der Grundschule begegnen sich zum Beispiel die Tochter der evangelischen Krankenschwester, der muslimische Sohn des türkischen Gemüsehändlers, die buddhistische Tochter des chinesischen Restaurantbesitzers und der Sohn der religionslosen Werte- und Normen-Lehrerin in einer Schulklasse. Die Kinder lernen, dass es auch noch andere Religionen neben der eigenen gibt. Außerdem lernen sie, dass der Streit um den Platz auf der Schaukel nicht mit dem Faustrecht geregelt werden kann, denn diese Konfliktlösungsstrategie führt erfahrungsgemäß zur Eskalation von Gewalt und endet schlimmstenfalls in militärischen Auseinandersetzungen.

In den Religionen geht es um Gott und die Wahrheit, aber von der Wahrheit kann es nur eine geben. Jeder Anhänger einer Religion fühlt sich im Besitz dieser Wahrheit. Das ist durchaus nachvollziehbar und in der Sache begründet. Wie aber soll er mit den anderen Religionen umgehen? Und wo endet die Toleranz, wenn es nicht mehr um einen Platz auf der Schaukel geht, sondern sozusagen um einen Platz im Himmel?

Es gibt drei grundlegende Modelle, die das Verhältnis der eigenen zu den fremden Religionen näher bestimmen: den Exklusivismus, den Inklusivismus und den Pluralismus.

Die Stärke des ***Exklusivismus*** besteht darin, dass die eigene Glaubensüberzeugung klar zum Ausdruck kommt. Er bezieht eindeutig Stellung, indem er in fester Heilsgewissheit die eigene Position als richtig und alle abweichenden Positionen als falsch bewertet. Dabei kann sich der christliche Exklusivismus durchaus auf das Neue Testament berufen, zum Beispiel auf Joh 14,6:

> Ich bin der Weg, die Wahrheit und das Leben. Niemand kommt zum Vater außer durch mich.

Allerdings muss man unter historisch-kritischer Perspektive berücksichtigen, dass dieser Satz vermutlich nicht auf Jesus selbst, sondern auf die erste christliche Gemeinde zurückgeht, die darin ihren exklusiven Glauben an Jesus Christus gegenüber der nichtchristlichen Umwelt zum Ausdruck brachte. Sie hat ihm diese Worte rückwirkend in den Mund gelegt. Es ist sehr wahrscheinlich, dass Jesus selbst nicht exklusiv gedacht und gehandelt hat. Es kann als historisch gesichert gelten, dass er mit Betrügern und Prostituierten an einem Tisch gegessen hat, dass er Ausländer geheilt und Andersgläubige als Vorbilder bezeichnet hat, zum Beispiel den barmherzigen Samariter. Diese Einstellung entspräche auch dem einladenden Charakter der Reden Jesu.

Die Gefahr des Exklusivismus besteht in der Ablehnung fremder Religionen, die nicht nur zur Überheblichkeit, sondern sogar zur Verfolgung der Andersgläubigen führen kann.

Diese Gefahr besteht beim Inklusivismus nicht. Der Inklusivismus macht mit dem Gedanken ernst, dass es nur einen allmächtigen Gott gibt, der alles geschaffen hat und der die Weltgeschichte lenkt. Das bedeutet, dass dieser Gott auch die anderen Religionen gewollt und hervorgebracht hat. Auf diese Weise nimmt der ***Inklusivismus*** die Tatsache ernst, dass es vom indianischen Schamanen über den buddhistischen Mönch bis zum russisch-orthodoxen Metropoliten auf der ganzen Erde Religionen gibt – mit Ausnahme kleiner religionsloser Reservate meist kommunistischen Ursprungs. Der christliche Inklusivismus geht davon aus, dass Gott sich in Jesus Christus den Menschen offenbart hat. Die Christen beanspruchen damit, die maßgebliche Erkenntnis Gottes zu haben. Gleichzeitig gestehen sie den außerchristlichen Religionen zu, dass sich Gott auch in ihnen zeigt und in ihnen wirkt. Aber nicht vollständig, sondern nur bruchstückhaft. Die Angehörigen dieser nichtchristlichen Religionen werden nicht als reine Nichtchristen und Heiden betrachtet, sondern in gewisser Weise als »anonyme Christen«. Sie glauben an den christlichen Gott, aber ohne es zu wissen und ohne ihn wirklich zu erkennen. Der christliche Inklusivismus geht also wie der Exklusivismus davon aus, dass es – in der Bildersprache der neutestamentlichen Gleichnisse formuliert – nur eine Tür zum Himmel gibt. Durch diese Tür gelangen sozusagen auch einige Angehörige fremder Religionen in den Himmel, aber gewissermaßen blind, ohne zu wissen, dass es sich um eine christliche Tür handelt.

Der Vorzug des Inklusivismus ist seine größere Offenheit gegenüber fremden Religionen; sein Nachteil besteht in der Vereinnahmung der anderen Religionen.

Diese Gefahr besteht beim ***Pluralismus*** nicht. Er geht davon aus, dass es – bildlich gesprochen – viele Türen zum Himmel gibt. Jeder kann nach eigener Vorstellung mit seiner Religion selig werden. Die Stärke des Pluralismus liegt auf der Hand. Er ermöglicht ein friedliches Nebeneinander der Religionen. Die Suche nach Gemeinsamkeiten führt auf dem Gebiet der Ethik zu vielen Übereinstimmungen. Nicht stehlen, nicht töten, nicht lügen – hierin sind sich fast alle Religionen einig. Lessing vergleicht in seinem Stück »Nathan der Weise« Judentum, Christentum und Islam mit drei Fingerringen. Der echte Ring soll sich gegenüber den beiden Fälschungen dadurch auszeichnen, dass er den Besitzer zu einem besseren Menschen macht. So kann man die wahre Religion am vorbildlichen Lebenswandel erkennen.

Diese Toleranz des Pluralismus ist in unserer globalisierten Welt überlebenswichtig. Zugleich aber birgt sie die Gefahr, dass die inhaltliche Frage nach der Wahrheit verstummt.

Welche Religion hat Recht?

Es gehört zur Gesetzmäßigkeit jeder Religion, dass der Gläubige vom Absolutheitsanspruch seiner Religion überzeugt ist. Wer eine Gotteserfahrung gemacht hat, muss die eigene Religion zwangsläufig als absolut betrachten. Und genau diesen Absolutheitsanspruch wird er zwangsläufig für jede fremde Re-

ligion ablehnen. Das gilt nun aber andererseits auch für den Gläubigen dieser fremden Religion. Auch er hat eine Gotteserfahrung gemacht und betrachtet seine Religion als absolut.
Eine vergleichbare Situation tritt ein, wenn die eingangs genannten Dreijährigen im Kindergarten darüber streiten, wer die beste Mutter hat. Wer die beste Mutter selbst erfahren hat, der kann für eine fremde Mutter diese Erfahrung nicht nachvollziehen. Dementsprechend führt auch in dieser Frage das Faustrecht zu keiner Lösung.
So bleiben für die Begegnung der Religionen zwei Dinge grundlegend: Deutlichkeit und Toleranz.
Deutlichkeit bedeutet: Ich bin ganz und gar nicht deiner Meinung.
Toleranz bedeutet: Ich werde alles tun, damit du deine Meinung sagen kannst.
Die Toleranz erträgt den anderen in seiner Andersartigkeit und akzeptiert ihn mit seiner fremden Erfahrung.
Deutlichkeit heißt, die eigene Position kenntlich zu machen. Der Sinn eines Dialogs ist ja nicht, die Unterschiede um des lieben Friedens willen einzuebnen, um sich in der Mitte zu treffen. Die Chance eines Dialogs liegt vielmehr darin, dass beide Partner sich ihrer Eigentümlichkeit bewusst werden.
Kennzeichen und Eigentümlichkeit des christlichen Glaubens ist die Gnade. Ich verdanke mich nicht mir selbst. Dass es mich gibt, das allein ist schon Gnade. Wovon wir leben, das wird uns geschenkt. Wir stellen unseren Leib und Seele, Luft und Erde, Liebe und Glück nicht selber her. Wir müssen uns nicht selbst erschaffen und beweisen. Das alles wird uns von Gott aus Gnade geschenkt, bis hin zur Erlösung durch Jesus Christus.
Dieser Grundsatz gilt auch im Umgang mit den anderen Religionen. Ich muss nicht siegen und besser sein als sie. Aber ich darf zu meinen Erfahrungen stehen und brauche meine eigene Tradition nicht zu verleugnen.

13. Ethik

Als Ethik bezeichnet man die Theorie, die sich mit der menschlichen Lebensführung befasst.
Der Begriff Ethos dagegen bezeichnet ganz konkrete Verhaltensweisen, die bereits gelten und an die sich die Menschen halten.
Der Begriff Moral ist vom Begriff Ethos nicht deutlich zu unterscheiden. Die herrschende Moral bestimmt jeweils, was als sittlich oder als unsittlich gilt, was als gut und was als böse zu bewerten ist.
Es gibt eine Vielzahl unterschiedlicher ethischer Ansätze. Die drei wichtigsten sind die religiöse, die deontologische und die utilitaristische Ethik.
Die religiöse Ethik gehört zu den ältesten ethischen Konzepten. Sie ist deshalb kulturgeschichtlich sehr weit verbreitet und hat bis heute einen großen Einfluss auf die Moral und die Wertvorstellungen des neuzeitlichen Menschen.

Die religiöse Ethik des Altes Testaments
Das Talionsprinzip

Auge um Auge, Zahn um Zahn. Diese Regel findet sich in Ex 21,24. Sie wird als Talionsprinzip bezeichnet. Auf den ersten Blick erscheint diese Regel als unmenschlich und unmoralisch. Das ist falsch. Denn dieser alte Grundsatz zielt darauf ab, die Eskalation von Gewalt einzudämmen.
Zuvor, beim Prinzip der Blutrache, herrschte noch die unkontrollierte Gewalt. Wird ein Krieger des eigenen Stammes von einem Krieger des fremden Stammes ermordet, dann übt

der eigene Stamm Rache an den anderen, indem versucht wird, das gesamte Dorf des fremden Stammes zu vernichten. Eine endlose Spirale der Gewalt war damit in Gang gesetzt. Diese Eskalation der Gewalt wird durch das Talionsprinzip verhindert – vorausgesetzt, beide Gegner halten sich daran. Schlägt also ein Nachbar einem anderen einen Zahn aus, dann darf der Geschädigte dem Täter wiederum einen Zahn ausschlagen. Aber nicht mehr! Hat jeder der beiden einen Zahn eingebüßt, ist ein Ausgleich hergestellt. Die beiden sind quitt. Damit ist der Streit zu Ende. Natürlich ist auch eine ähnliche Lösung denkbar: Statt dem Täter einen Zahn auszuschlagen, kann das Opfer fordern, dass der Täter den entsprechenden Wert des ausgeschlagenen Zahnes ersetzt. In jedem Fall würde am Ende die Gerechtigkeit siegen.
Die Welt vom Kinderzimmer bis zum Kriegsschauplatz sähe gewiss anders aus, wenn sich alle an dieses Talionsprinzip halten würden, statt sich ungezügelt zu rächen.

Die Zehn Gebote

In Ex 20 wird erzählt, dass Mose auf dem Berg Sinai die Zehn Gebote von Gott empfängt. Die Umstände haben Konsequenzen für das Verständnis dieser Gebote:
Die Israeliten kommen aus der Sklaverei in Ägypten. Sie sind auf dem Weg in die Freiheit. Die Zehn Gebote sollen diese neu gewonnene Freiheit schützen. Sie wollen die Israeliten davor bewahren, erneut in Unfreiheit zu geraten. Die Gebote wollen also gerade nicht knechten, unterwerfen und der Freiheit berauben.
Diese Gebote stammen nach jüdischem Verständnis von Gott. Sie haben damit höchste Autorität und können nicht verändert oder eingeschränkt werden.

Das Judentum hat die Gebote immer als eine gnädige Selbstoffenbarung Gottes verstanden. Endlich können wir Menschen wissen, was Gott von uns will und was wir tun sollen. Gottes Gebote sind ein gutes, kostbares Geschenk und keine Belastung. Freiheit und Bindung hängen eng zusammen. Sie bedingen sich gegenseitig. Wer sich an Jahwe bindet, der ist von allem frei, was ihn sonst noch binden will. Wer sich an Jahwe bindet, der ist zugleich frei zu allem, was diesem Glauben an Gott entspricht.
Insgesamt kennt das Alte Testament 613 Gebote.

Die religiöse Ethik des Neuen Testaments

Jesus bestätigt die Gültigkeit der Gebote des Judentums. Er fasst sie in Mt 22,34 im Doppelgebot der Liebe zusammen:

> Liebe Gott und deinen Nächsten wie dich selbst.

Von diesen Geboten unterscheidet Jesus streng die kultischen und rituellen Vorschriften. Ihre Gültigkeit schränkt er ein. Wenn Jesus in Mk 2,25 sagt: *Der Sabbat ist für den Menschen gemacht und nicht der Mensch für den Sabbat,* dann macht er damit deutlich: Die Gebote sind nicht um ihrer selbst willen einzuhalten. Gott verfolgte mit den Geboten die Intention, den Menschen ein gelingendes Leben zu ermöglichen. Für Jesus bedeutet das konkret, dass er am Sabbat Kranke heilt. In den Augen gesetzestreuer Juden hat er so eindeutig Gottes Gebot übertreten. Er stellt sich damit gegen die gültige übliche Auslegung der Gebote und gegen die jüdischen Priester, die darauf achteten, dass das ganze Volk die Gebote hielt.
Ebenso revolutionär ist der Satz, der in Mk 7,15 von Jesus überliefert ist: *Was aus einem Menschen herauskommt,* nämlich seine Worte, *das macht den Menschen unrein, und nicht das, was*

in den Menschen hineinkommt, zum Beispiel Schweinefleisch. Damit reißt Jesus alle Grenzen zwischen kultischer Reinheit und Unreinheit nieder. Jesus macht deutlich, dass das Entscheidende am Menschen sein Herz und seine Gesinnung sind. Es geht nicht darum, dass der Mensch in buchhalterischer Erbsenzählerei Gesetze äußerlich befolgt, sondern dass er nach der inneren Absicht der Gesetze handelt.

Die Bergpredigt

Mit dieser für jüdische Ohren revolutionären Einstellung legt Jesus in der Bergpredigt in Mt 5-7 einige göttliche Gebote aus dem Alten Testament aus.
Entscheidend ist und bleibt: Jesus hebt die Zehn Gebote nicht auf. Im Gegenteil, er verschärft sie, indem er die Einhaltung der Gebote von der Tat in das Herz und in die Gesinnung des Menschen zurückverlagert. Gott fordert keinen Gehorsam, der nur den Buchstaben des Gesetzes minutiös im Blick hat, sondern Gott fordert den ganzen Menschen.
Konkret heißt das: Ehebruch findet nicht erst im Bett statt, sondern bereits mit dem begehrlichen Blick auf einen fremden Partner.
Ein Mord findet nicht erst mit dem Vollzug einer Tötung statt, sondern der Mord beginnt bereits mit dem hasserfüllten Gedanken im Herzen.
Nach Jesu Auffassung findet im Herzen der qualitative Sprung statt, der die Sünde hervorbringt. Der Weg vom bösen Gedanken zur bösen Tat dagegen ist nur ein kleiner quantitativer Schritt.
So ist es nur konsequent, wenn Jesus in die geforderte Liebe zum Nächsten alle Menschen einschließt, sogar die Feinde.

Auslegungen der Bergpredigt

Die Forderungen Jesu in der Bergpredigt sind so radikal, dass bis heute darüber gestritten wird, wie sie zu verstehen seien. Zunächst muss man festhalten: Jesus ist davon ausgegangen, dass das, was er in der Bergpredigt sagt, von seinen Anhängern auch tatsächlich befolgt werden soll, sonst hätte er es sicher nicht gesagt. Die Forderungen der Bergpredigt sind erfüllbar.

Diese grundlegende Aussage muss man sich vor Augen halten, damit man nicht bei einer Interpretation endet, die davon ausgeht, Jesus hätte das ja alles gar nicht so gemeint.

Das Gegenteil ist der Fall. Deshalb wird am Ende der Bergpredigt in Mt 7,24-27 ausdrücklich betont: Wer sich an die Bergpredigt hält, steht auf festem Grund. Wer sich nicht daran hält, endet in einer Katastrophe.

Ein Interpretationsversuch stellt die Zwei-Stufen-Ethik dar. Die Zehn Gebote gelten für alle Menschen, aber die Bergpredigt gilt nur für die Jünger Jesu oder entsprechend später nur für Mönche und Nonnen, die einen höheren Grad des Gehorsams üben. Allerdings macht die Bergpredigt selbst nirgendwo solch eine Unterscheidung.

Albert Schweitzer geht von einer anderen Interpretation aus. Er hält die Bergpredigt für eine Interimsethik. Als Jesus predigte, rechnete er mit dem unmittelbar bevorstehenden Weltende. Für die kurze Zeit bis dahin gab Jesus seinen Jüngern diese radikalen Anweisungen, die nur in diesem kurzen Zeitraum erfüllbar sind. Kein Mensch kann auf Dauer nach der Bergpredigt leben.

Gegen diese Interpretation spricht der Eindruck, dass wir es in der Bergpredigt mit allgemein gültigen Umgangsregeln zu tun haben. Der gewaltlose Widerstand von Martin Luther

King, Mahatma Gandhi und die friedliche Revolution im November 1989 zeigen, dass die Regeln der Bergpredigt bis heute viel bewirken können.
Am plausibelsten erscheint eine Interpretation der Bergpredigt, die von Jesu Auslegung der alttestamentlichen Gebote ausgeht. Das Liebesgebot ist für ihn der Kern aller Gebote und fordert den ganzen Menschen mit seinem Denken, Reden und Tun. Gott will nicht etwas von uns, sondern er will uns. Deshalb darf Gottes Gebot nicht spitzfindig ausgelegt werden.

Die religiöse Ethik Luthers

Martin Luther fasst seinen ethischen Ansatz in der Schrift »Von der Freiheit eines Christenmenschen« in zwei Sätzen zusammen:

> Ein Christenmensch ist ein freier Herr aller Dinge und niemandem untertan. Ein Christenmensch ist ein dienstbarer Knecht aller Dinge und jedermann untertan.

Was auf den ersten Blick widersprüchlich klingt, erweist sich im Zusammenhang von Luthers Gotteserfahrung durchaus als schlüssig:
Ein Christenmensch ist für Luther deshalb frei und niemandem zum Gehorsam verpflichtet, weil er sich an Jesus Christus bindet. Das geschieht durch den Glauben. Diese Bindung ist zugleich die Befreiung von allem anderen, was den Glaubenden zu beherrschen versucht.
Aus dieser inneren Freiheit, die der Bindung an Christus entspringt, folgt nun als Konsequenz der zweite Aspekt: Der an Christus glaubende Mensch macht sich freiwillig zum Diener seiner Mitmenschen. Das hängt mit der Glaubenserfahrung des Christen zusammen. Weil der Christ weiß, dass er von Gott

geliebt ist, kann er aus Dankbarkeit diese Liebe weitergeben und seinen Nächsten lieben. Er braucht keine Angst mehr zu haben, zu kurz zu kommen, denn er hat von Gott bereits alles bekommen, was er sich nur wünschen kann.

Für Luther ist ein Christ ein sündiger Mensch, der die Liebe und Vergebung Gottes erfahren hat, und der nun aus Dankbarkeit diese Liebe in Form von tatkräftiger Nächstenliebe weitergibt.

Die gute Tat des Menschen ist also ein Ausfluss der empfangenen Liebe Gottes. Kein Gesetz, kein Gebot zwingt den Christen, ethisch zu handeln. Die gute Tat stellt sich von selbst ein, sie fließt aus dem Inneren des Christen. Deshalb braucht ein Christ eigentlich keine Gesetze und keine Gebote mehr. Aus Dankbarkeit gegenüber Gott und aus Liebe zu seinem Mitmenschen tut ein Christenmensch freiwillig viel mehr als jedes Gesetz von ihm fordern könnte.

Das Einzige, was der Mensch tun kann, ist, dieses Geschenk der Vergebung anzunehmen.

Aus diesem Ansatz ergibt sich für Luther eine zweifache Funktion der göttlichen Gebote.

Die Gebote haben eine äußere, gesellschaftliche, politische Funktion. Die Menschen müssen sich an die Gebote halten, damit das Zusammenleben in der Gemeinschaft gelingt. Die Zehn Gebote dienen ebenso wie zum Beispiel die Straßenverkehrsordnung der Erhaltung des äußeren Friedens. Ohne diese Regeln würde überall Chaos herrschen.

Die zweite Aufgabe der Gebote besteht für Luther in ihrer religiösen, überführenden Funktion. An den Geboten kann jeder Mensch erkennen, dass er nicht vollkommen gut ist. Kein Mensch kann das Gesetz halten, wenn man es innerlich als Maßstab anlegt, so wie Jesus es in der Bergpredigt lehrt. Wenn schon der begehrliche Blick als potenzieller Ehebruch und das innere Hassgefühl als potenzieller Mord ernst genommen

wird, dann ist jeder Mensch ein Sünder und auf die Vergebung Gottes angewiesen.
Für die Christen haben die Gebote aber nicht mehr die Aufgabe, ihnen vorzuschreiben, was sie zu tun oder zu lassen haben. Diese Funktion haben sie verloren.
Wer sich, wie Luther sagt, Gottes Vergebung schenken lässt, handelt aus Dankbarkeit liebevoll und braucht keine äußeren Gebote und Vorschriften mehr.

Die deontologische Ethik

Die deontologische Ethik hat ihren Namen von dem griechischen Wort »deon«, auf Deutsch: die Pflicht. Der bekannteste Vertreter dieser Pflichtethik ist der Königsberger Philosoph Immanuel Kant. Er geht davon aus, dass dem Menschen unmittelbar klar und vorgegeben ist, was er tun und was er lassen soll. Man soll zum Beispiel immer die Wahrheit sagen, seine Schulden zurückbezahlen und seine Versprechen halten. Diese Pflichten gelten uneingeschränkt. Jeder Mensch muss diesen Regeln aus Vernunftgründen zustimmen. Kant geht sogar noch weiter und behauptet, dass diese Pflichten grundsätzlich und bedingungslos einzuhalten sind, selbst wenn negative Folgen entstehen. Kant macht das an folgendem Beispiel deutlich: Unser Freund versteckt sich bei uns im Haus, weil er auf der Flucht ist vor einem Mörder. Dieser Mörder klingelt nun an unserer Haustür und fragt uns, ob sich der Freund bei uns versteckt habe. Für Kant ist die Antwort auf diese Frage eindeutig. Die Pflicht fordert von uns, die Wahrheit zu sagen. Das gilt immer und unabhängig von den Umständen, also auch in diesem Fall. So kommt Kant zu dem Ergebnis, dass wir dem Mörder die Wahrheit sagen müssten. Seine Begründung: Die Rechtsgrundlage des menschlichen

Zusammenlebens ist die Wahrheit. Eine Lüge würde diese Grundlage zerstören, die menschliche Gemeinschaft überhaupt erst ermöglicht. Selbst eine Notlüge zu Gunsten eines Freundes richtet also einen unermesslichen Schaden an, behauptet Kant. Zudem sei der Lügner für alle Folgen verantwortlich, die sich aus dieser Lüge ergeben. Hätte er die Wahrheit gesagt, hätte er für die Folgen nicht die Verantwortung zu tragen.

Für Kant steht die Pflicht, der jeder Mensch zu folgen hat, unumstößlich fest.

Dass eine Handlung gut ist, zeigt sich für Kant darin, dass man sie auf alle Menschen anwenden kann. Diesen Maßstab der Verallgemeinerbarkeit formuliert Kant im »kategorischen Imperativ«:

> Handle so, dass die Maxime deines Handelns als Grundlage einer allgemeinen Gesetzgebung gelten könnte.

Kategorisch ist dieser Imperativ, weil er immer und überall gilt und an keine Bedingung geknüpft werden kann. Zugleich handelt es sich um einen Imperativ, also um einen Befehl, dem jeder Mensch unbedingt zu gehorchen hat. Unter einer Maxime versteht Kant das Grundprinzip, dem ein Mensch folgt.

Dieses Prinzip der Verallgemeinerbarkeit taucht in den meisten Weltreligionen auf, meist in einer Formel, die die Gegenseitigkeit betont.

Jesus formuliert zum Beispiel in Matthäus 7,12 die so genannte Goldene Regel:

> Alles nun, was ihr wollt, dass euch die Leute tun sollen, das tut ihr ihnen auch.

Der Volksmund sagt es so: Was du nicht willst, das man dir tu, das füg auch keinem anderen zu.

Die utilitaristische Ethik

Die utilitaristische Ethik hat ihrem Namen vom lateinischen Wort utilitas, zu Deutsch: der Nutzen, die Nützlichkeit. Die utilitaristische Ethik fragt also in erster Linie nach dem Nutzen einer Handlung. Der wichtigste Maßstab ist die Frage, was am Ende dabei herauskommt. In einer Gesellschaft, in der eine der Leitfragen lautet: Was habe ich davon?, kann dieser Ansatz mit großer Zustimmung rechnen. Allerdings muss man hinzufügen, dass es nicht um den Nutzen für den einzelnen Menschen geht. Das wäre in einer egoistischen Ethik der Fall.

Die utilitaristische Ethik fragt nach dem größtmöglichen Nutzen für die größtmögliche Zahl von Menschen. John Bentham hat vor 200 Jahren das Grundprinzip der utilitaristischen Ethik auf folgende Formel gebracht: *That action is the best which procures the greatest happiness for the greatest number.* Es geht also darum abzuwägen, was für die Mehrzahl der Menschen den größtmöglichen Nutzen bringt. Damit erscheint dieser Ansatz für demokratische Gesellschaften, in denen politische Entscheidungen nach dem Mehrheitsprinzip gefällt werden, wie geschaffen.

Allerdings muss man hinzufügen, dass dieser Ansatz Minderheiten leicht aus dem Blick verlieren kann. Das wird an der brisanten Frage deutlich, ob man ein von Terroristen gekapertes Flugzeug, das in einen Wolkenkratzer gelenkt werden soll, abschießen darf. So würde man das Leben der Menschen im Hochhaus retten. Darf man aber das Leben der unschuldigen Menschen im Flugzeug opfern? Der Utilitarismus würde diese Frage eindeutig mit Ja beantworten. So würde das größtmögliche Glück im Unglück erreicht, denn die unschuldigen Menschen im Flugzeug müssten auch dann sterben, wenn man das Flugzeug nicht abschießen würde.

Noch problematischer wird der utilitaristische Ansatz im Blick auf Hilfsbedürftige und Minderheiten. Ist es erlaubt, das Gesundheitssystem zu sanieren, indem die Krankenkassen den Menschen, die zum Beispiel älter als 80 Jahre sind, keine teuren Operationen mehr bezahlen? Der Nutzen für die vielen Krankenkassenbeitragszahler und für das Gesundheitssystem liegt auf der Hand.

Darf man einen Entführer foltern, damit er das Versteck des Entführten verrät? Hier steht der Nutzen für den Entführten, für seine Familie und für die öffentliche Sicherheit gegen die Würde des Entführers. Wenn die Würde des Menschen unantastbar ist, dann gilt das auch für die Würde eines Entführers, selbst wenn er die Würde eines anderen Menschen missachtet.

Spektakulärster Vertreter einer utilitaristischen Ethik ist der australische Philosophieprofessor Peter Singer. Er schlägt vor, nach der Geburt den Eltern einige Tage Zeit zu geben, ob sie ein neugeborenes Kind behalten oder töten wollen, weil es zum Beispiel sehr schwer behindert ist. So hätten die Eltern die Möglichkeit, noch einmal ein Kind zu bekommen, das gesund ist. Außerdem müssten sie ihre Zeit und Lebenskraft nicht für ein behindertes Kind opfern. Das ausschlaggebende Argument für Singer besteht darin, dass das Glück durch ein weiteres, gesundes Kind viel größer ist als das belastende kleine Glück mit einem schwerbehinderten Kind, das sehr viel leiden muss und unter dem auch die Eltern leiden. So würde das Glück über ein gesundes Kind an die Stelle des Unglücks treten, das mit einem schwerbehinderten Kind verbunden ist. Singer löst mit seinen provokanten Thesen bis heute heftige Reaktionen aus, nicht nur bei Behinderten.

Die Verantwortungsethik

In den siebziger Jahren wird die Umweltverschmutzung als Problem erkannt. Wer sorglos Pflanzenschutzmittel und Kunstdünger einsetzt, wer ungeklärte Abwässer in die Flüsse leitet und die tropischen Regenwälder großflächig abholzt, der zerstört die Umwelt und damit die eigene Lebensgrundlage. Fischsterben, Waldsterben, verschmutztes Trinkwasser und Klimawandel sind die Folgen.
Die Rohstoffe der Erde wie Erdöl und Erdgas werden ausgebeutet. Die Atomkraftwerke produzieren nicht nur Strom, sondern auch hoch radioaktiven Müll, der über zehntausende von Jahren seine lebensgefährliche Strahlung behält. Die Katastrophe im Atomkraftwerk in Tschernobyl führt nicht nur zu Krebserkrankungen bei den Menschen in der Region. Krankheiten und Missbildungen werden an die nächsten Generationen weitervererbt. Land und Pflanzen ringsum Tschernobyl bleiben für Jahrzehnte kontaminiert und verstrahlt.
Diesen neuen Herausforderungen scheinen die bisherigen ethischen Ansätze nicht gewachsen zu sein, weil sie sich auf das Zusammenleben von Zeitgenossen beschränken. Doch jetzt wird es in der Ethik wichtig, die Kategorie der Zeit und der Zukunft zu berücksichtigen. Es geht darum, auch zukünftigen Generationen ein Leben auf dieser Erde zu ermöglichen. Nachhaltigkeit wird zu einem wichtigen Maßstab. Jede Generation trägt Verantwortung für die nachfolgenden Generationen. Es ist ethisch nicht erlaubt, dass eine Generation die Rohstoffe der Erde plündert, und zwar auf Kosten der nachfolgenden Generationen.
Wichtigster Vertreter dieses ethischen Ansatzes ist Hans Jonas, der in seinem Buch »Das Prinzip Verantwortung« den kategorischen Imperativ Kants durch einen neuen kategorischen Imperativ ersetzt. Er formuliert ihn so:

Handle so, dass die Wirkungen deiner Handlung verträglich sind mit der Permanenz echten menschlichen Lebens auf Erden.

Jonas erkennt, dass der technische Fortschritt dem Menschen eine ungeheure Macht ermöglicht, wie sie der Mensch noch nie besessen hat. Heute hat der Mensch zum Beispiel die Möglichkeit, sich selbst durch einen Atomkrieg vollständig auszurotten und die ganze Erde unbewohnbar zu machen. Die möglichen Katastrophen, die der Mensch heute auslösen kann, haben planetarische Ausmaße. Deshalb ist es notwendig, neue ethische Prinzipien und Pflichten aufzustellen. Hans Jonas fasst diese neue Ethik im Begriff Verantwortung zusammen. Der Mensch trägt die Verantwortung dafür, dass auch zukünftige Generationen auf der Erde menschenwürdig leben können. So muss der Mensch zum Beispiel die Verantwortung für den radioaktiven Müll übernehmen, den er heute produziert, und eine sichere Entsorgung für mehrere zehntausend Jahre gewährleisten. Wenn man diese Verantwortung nicht übernehmen kann, muss der Mensch sich selbst freiwillig Zügel anlegen und auf diese Techniken verzichten, damit sie zukünftigen Generationen nicht zum Unheil werden.

Gentechnik

Die Entwicklung im Bereich der Gentechnik geht so rasant voran, dass es kaum möglich ist, ethisch fundierte Aussagen zum jeweils aktuellen Stand zu machen. Dennoch gibt es einige Kernfragen, die unverändert bleiben und beantwortet werden müssen.
Eine der wichtigsten Fragen lautet: Wann fängt der Mensch an, ein Mensch zu sein?
Die christlichen Kirchen haben diese Frage eindeutig beant-

wortet: Der Mensch beginnt mit der Verschmelzung von Eizelle und Samenzelle. Die befruchtete Eizelle ist kein Zellhaufen, der sich allmählich zum Menschen entwickelt, sondern ein potenzieller Mensch, der sich als Mensch entwickelt.

Die Frage nach dem Beginn des Menschseins ist deshalb so wichtig, weil sich damit die Frage nach der Würde des Menschen verknüpft. Ab welchem Entwicklungsstadium kommt dem Embryo die Menschenwürde zu? Es gibt in der neunmonatigen Entwicklungszeit keine zeitliche Zäsur, bei der man einen Qualitätssprung feststellen könnte, so dass man sagen könnte: Bis zu diesem Entwicklungsstadium haben wir es mit einem Zellhaufen zu tun, und ab hier haben wir es mit einem Menschen zu tun. Jede Festlegung dieser Art ist willkürlich und nicht stichhaltig zu begründen.

Zu dieser wissenschaftlichen Sicht kommt noch eine religiöse hinzu. Das christliche Menschenbild geht davon aus, dass die Würde des Menschen dem Menschen von Gott verliehen und geschenkt ist. Das bedeutet, dass kein Mensch seine Würde selber schaffen oder herstellen kann. Das bedeutet auch, dass es keine Voraussetzung oder Bedingung geben kann, die jemand erfüllen muss, damit er die Menschenwürde für sich in Anspruch nehmen darf. Also gilt die Menschenwürde auch für den sich entwickelnden Menschen, und sei es in Form einer befruchteten Eizelle. Denn bereits hier sieht der christliche Glaube Gott am Werk, der einen neuen Menschen ins Leben ruft und ihn zu seinem Ebenbild gestaltet.

Die jüdische Auslegungstradition sieht das durchaus anders. Nach jüdischem Verständnis wird ein Mensch erst als Mensch angesehen, wenn der Kopf des Babys bei der Geburt sichtbar wird. Vielleicht ist diese ungewöhnliche Sicht aus den lebensfeindlichen Erfahrungen des Nomadendaseins in der Wüste zu erklären. Jedenfalls hat dieses Verständnis weit reichende Konsequenzen. In Israel ist die Forschung an Embryonen und

an Stammzellen erlaubt, auch wenn das zur Vernichtung der untersuchten Zellen führt.
Die religiösen Traditionen Asiens sehen den Beginn des Menschseins in seiner Eingliederung in die Gesellschaft. Erst wenn ein Mensch in eine Sippe oder in eine andere soziale Gemeinschaft eingebunden ist, gilt er als Mensch. Ein Singledasein in sozialer Isolation ist hier völlig undenkbar. Aus diesem Grund darf auch in asiatischen Ländern sehr viel freier an Embryonen geforscht werden.
Hier sieht man, wie sehr kulturelle und religiöse Voraussetzungen ethische Entscheidungen und die staatliche Gesetzgebung beeinflussen.
So kann der Staat zwar die Würde des Menschen schützen, aber nicht herstellen. An diesem Punkt wird deutlich, dass der Staat von Voraussetzungen lebt, die er selber nicht herstellen und schaffen kann.
Die künstliche Befruchtung außerhalb des Mutterleibes ist in Deutschland erlaubt. Bei dieser In-vitro-Fertilisation werden Eizelle und Samenzelle sozusagen im Reagenzglas zusammengegeben und dann die befruchtete Eizelle in die Gebärmutter implantiert.
Davor böte sich eine gute Möglichkeiten zur Präimplantationsdiagnostik (PID). Eltern, die Erbkrankheiten oder andere genetische Belastungen aufweisen, könnten außerhalb des Mutterleibes die befruchtete Eizelle genetisch untersuchen lassen. Das ist jedoch in Deutschland verboten, denn die Zelle befindet sich durch Zellteilung im Vier- bis Achtzellstadium. Jede dieser Zellen weist identische Erbinformationen auf. Diese Zellen gelten in diesem Stadium als totipotent. Das heißt, aus jeder dieser totipotenten Zellen könnte ein vollständiges Individuum, also ein Mensch entstehen. Entsprechend würde die Untersuchung einer Zelle zur Vernichtung eines potenziellen Menschen führen, weil die Zelle durch die gene-

tischen Untersuchungsmethoden unwiederbringlich zerstört wird.
Befürworter der PID halten dagegen, dass doch die Untersuchung im Mutterleib erlaubt sei und bei genetischen Defekten eine Abtreibung möglich ist, obwohl das für die Mutter psychisch viel belastender ist als eine Diagnose vor der Implantation der befruchteten Eizelle.
Unter Klonen versteht man die Herstellung eines genetisch identischen Duplikats, also sozusagen eines zeitlich versetzten eineiigen Zwillings. Beim therapeutischen Klonen werden zum Beispiel Herz- oder Nervenzellen erzeugt, die vom Körper des Patienten nicht abgestoßen werden.
Aber dürfen Eltern ein zweites Kind zeugen, damit dieses Kind durch seine Zellen dem ersten Kind, das an einer Behinderung leidet, Heilung ermöglicht oder gar das Leben rettet?
Immanuel Kant stellte das ethische Grundprinzip auf, dass man einen Menschen niemals nur als Mittel ansehen dürfe, sondern immer auch als Endzweck. Das heißt, ein Mensch hat seine Würde und ein Recht auf Leben um seiner selbst willen. Niemand hat das Recht, einen anderen Menschen ausschließlich als Mittel zu gebrauchen, auch nicht als genetisch identischen Organspender.

Sterbehilfe

Fest steht, dass jeder Mensch sterben muss. Dieser Satz ist deshalb wichtig, weil durch den medizinischen Fortschritt der Eindruck entstehen kann, die Medizin könne den Tod aus der Welt schaffen. Das kann sie nicht. Die Ärzte können den Tod eines Menschen nur hinauszögern.
Der Begriff »Sterbehilfe« ist ungenau und muss differenziert

werden. Deshalb unterscheidet man in der Regel zwischen passiver, indirekter und aktiver Sterbehilfe.

Unter passiver Sterbehilfe versteht man das Abstellen von Maschinen, die den Sterbeprozess verlängern. Passive Sterbehilfe ist aus kirchlicher Sicht dann erlaubt, wenn der Sterbende das Abstellen der Maschinen selbst wünschen würde. Entscheidender Maßstab ist also der mutmaßliche Patientenwille. Genau hier liegt das Problem der so genannten Patientenverfügungen, in denen Menschen festlegen können, welche medizinische Versorgung sie wünschen, falls sie selbst diesen Wunsch wegen starker gesundheitlicher Einschränkungen – z. B. ein Koma – nicht mehr äußern können. Patientenverfügungen werden in der Regel zu einem Zeitpunkt verfasst, an dem sich der Mensch noch nicht in einem Sterbeprozess befindet. Damit stellt sich die Frage, ob dieser Mensch im Sterbeprozess immer noch denselben Willen hat, der aus seiner Patientenverfügung zu entnehmen ist. Oder hat er vielleicht seine Meinung geändert und wünscht lebensverlängernde Maßnahmen, kann dies aber nicht mehr sagen?

Passive Sterbehilfe bedeutet, den unumkehrbaren Sterbeprozess eines Menschen nicht durch aktives Eingreifen zu verlängern, sondern das Sterben zuzulassen; vorausgesetzt, dass das in dieser Situation der mutmaßliche Wille des Sterbenden ist.

Von dieser passiven Sterbehilfe ist die indirekte Sterbehilfe zu unterscheiden.

Wenn ein sterbender Mensch, der ohne Aussicht auf Heilung dem Tod entgegengeht, unter schweren Schmerzen leidet, dann sollte es selbstverständlich sein, diesem Sterbenden schmerzstillende Medikamente zu geben, um ihm ein menschenwürdiges und schmerzfreies Sterben zu ermöglichen. Die Palliativmedizin versucht, solch einen schmerzfreien Sterbeprozess zu ermöglichen. Was aber ist mit besonders starken schmerzlindernden Medikamenten, die zugleich eine Lebensverkürzung mit sich bringen? In diesem Fall handelt es sich um indirekte Sterbehilfe. In erster Linie wird dem Sterbenden durch das Medikament geholfen. Einen früher eintretenden Tod nimmt man dabei in Kauf, weil der Sterbende sich ohnehin in einem unumkehrbaren Sterbeprozess befindet. Er kann nicht mehr geheilt werden. In diesem Sinne wird also nicht sein Leben verkürzt, sondern sein Sterben. Aus diesem Grunde befürwortet die evangelische Kirche die indirekte Sterbehilfe und die Ausweitung der Palliativmedizin.

Die aktive Sterbehilfe dagegen wird von allen Kirchen kategorisch abgelehnt. Bei der aktiven Sterbehilfe handelt es sich darum, den Tod eines Menschen herbeizuführen, der sich nicht in einem Sterbeprozess befindet. Oft ist es die Angst vor einem schweren Krankheitsverlauf und vor einem schmerzhaften Sterben, die den Wunsch nach aktiver Sterbehilfe weckt. Die Befürworter argumentieren, die aktive Sterbehilfe gehöre zur Autonomie und zur Selbstbestimmung des Menschen. Die Gegner halten dagegen, dass viele alte oder pflegebedürftige Menschen die aktive Sterbehilfe befürworten, weil sie sich durch Angehörige dazu gedrängt fühlen und weil sie niemandem zur Last fallen wollen. Aktive Sterbehilfe ist in Deutschland verboten. Das ist zum Beispiel in Belgien anders. Dort kann sogar ein unter schweren Depressionen leidender Mensch die aktive Sterbehilfe in Anspruch nehmen, wenn er bestimmte Bedingungen erfüllt und ein ausführliches, vorgeschriebenes Verfahren durchläuft.

Die Gegner der aktiven Sterbehilfe argumentieren, eine Lockerung dieses Gesetzes würde dazu führen, dass auch Menschen, die eigentlich nicht sterben wollen, sich dazu gedrängt fühlen, weil der Staat es ja erlaubt.

Die Kirchen sind gegen die aktive Sterbehilfe, weil Gott der Herr über Leben und Tod ist, nicht der Mensch. Gott schenkt dem Menschen das Leben, und er nimmt es auch wieder. Gott verleiht dem Menschen Würde, und zwar von Anfang bis Ende, nicht der Mensch. Deshalb kann kein Mensch seine Würde verlieren. Diese Würde hat ein behinderter Mensch ebenso wie ein sterbender Mensch. Das spricht aus christlicher Sicht gegen jede Form von Euthanasie oder aktiver Sterbehilfe. Aus diesem Grunde lehnen die Kirchen auch jede Hilfe zur Selbsttötung kategorisch ab, zum Beispiel die Beschaffung eines tödlichen Medikaments.

Nach christlichem Verständnis europäischer Prägung hat übrigens auch der moralisch böse Mensch eine von Gott verliehene Würde, die ihm niemand nehmen kann. Das ist das christliche Hauptargument gegen die Todesstrafe.

14. Spiritualität

Der Sonntag

Ein Leben ohne Feste ist eintönig. Zeit, die nicht durch Rituale strukturiert wird, verkommt zu einem Zeitbrei. Allein auf einer einsamen Insel wie Robinson Crusoe oder in einer Einzelzelle im Gefängnis kann die unstrukturierte Zeit schnell zur psychischen Belastung werden.
Bereits auf den ersten Seiten der Bibel wird erzählt, dass Gott seine Schöpfung dadurch vollendete, dass er am siebten Tag von aller Arbeit ruhte. Dieser Ruhetag am siebten Tag der Woche soll auch den Menschen zugutekommen, deshalb wird der Ruhetag im dritten Gebot ausdrücklich geschützt. In Ex 20 wird diese Begründung erweitert. Israel hat in der Sklaverei in Ägypten am eigenen Leibe erfahren, was es heißt, von der Arbeit versklavt zu werden und sieben Tage in der Woche ums Überleben zu kämpfen. Auf dem Hintergrund dieser Erfahrung darf Israel am siebten Tag den Sabbat feiern. Sechs Tage in der Woche sollen die Juden ihren Lebensunterhalt verdienen und ihr Überleben sichern, doch der siebte Tag ist der Tag der Freiheit von Sklaverei, Arbeit und Daseinskampf. Insofern ist der Sabbat bereits ein Vorgeschmack auf die zukünftige vollendete Welt, die Gott am Ende der Zeiten herauführen wird und in der es keinen Kampf um das Überleben mehr geben wird.
Die christliche Tradition hat diesen freien Tag in der Woche aus dem Judentum übernommen und ihn inhaltlich neu gefüllt. Die Geburtsstunde des Christentums ist die Auferstehung Jesu. Sie fand aber – nach jüdischer Zählweise – nicht am siebten, sondern am ersten Tag der Woche statt. Denn erst,

als der Sabbat vorüber war, gingen die Frauen zum Grab des Gekreuzigten, um ihn nachträglich zu salben, und trafen unerwartet auf den Auferstandenen. So wurde der erste Tag der Woche in der christlichen Welt zum Sonntag. In Italien zum Beispiel wird der Sonntag bis heute »domenica«, also »Tag des Herrn« genannt.

Die Taufe

Rituale spielen in unserem Leben eine große Rolle. Sie helfen uns, wichtige Veränderungen im Leben zu bewältigen. Solche einschneidenden Übergänge finden sich in jedem Menschenleben.
Die erste Grenzüberschreitung, die jeder Mensch in seinem Leben bewältigen muss, ist die Geburt. Sie stellt gewissermaßen den Übergang vom Nicht-Sein ins Sein dar. Nicht zufällig wird in der Regel jedes Jahr an dieses einschneidende Ereignis mit einer Geburtstagsfeier erinnert.
Der traditionelle christliche Ritus, der diese kritische Grenzüberschreitung bei der Geburt religiös begleitet, ist die Taufe. In der alten Kirche war es üblich, den zu taufenden Säugling mit dem ganzen Körper im Taufwasser unterzutauchen, und zwar drei Mal: im Namen des Vaters und des Sohnes und des Heiligen Geistes. Die symbolische Bedeutung dieses Untertauchens verdeutlicht Paulus in Römer 6,4.8:

> Durch die Taufe werden wir mit Christus begraben. Und wie Christus durch den Vater wieder auferweckt wurde von den Toten, so werden auch wir mit ihm leben.

Das bedeutet konkret: Durch das Untertauchen bei der Taufe wird der Täufling symbolisch ertränkt und getötet. Aus dem Taufwasser wird nach dem Untertauchen ein neuer Mensch herausgezogen, der ohne Sünde ist und Gott gefällt. Auf diesem Hintergrund wird deutlich, warum die Taufe das »Bad der Wiedergeburt« genannt wird. Der alte, zur Sünde neigende Mensch stirbt – und sei er noch ein Baby – und neu geboren wird ein neuer Mensch, der im Glauben an Christus lebt und Gott sein Leben verdankt. Für jeden getauften Menschen gilt deshalb der Satz, den Gott bei der Taufe zu Jesus sagte:

> Du bist mein Sohn, an dem ich Wohlgefallen habe. Heute habe ich dich gezeugt.

Die Konfirmation

Eine weitere Grenzüberschreitung im Leben eines Menschen ist der Übergang vom Kind zum Erwachsenen. Das Kind verlässt die Obhut der Mutter und wandelt sich zum Mann oder zur Frau. Aus einem Neutrum wird ein Wesen, das sich seines Geschlechts bewusst ist und die Geheimnisse der Erwachsenenwelt kennenlernt. In vielen Kulturen wird dieser Übergang durch Initiationsriten markiert. Die Jungen werden von ihren Familien getrennt und müssen lernen, für einige Zeit allein in der Wildnis zu überleben. Sie werden von erfahrenen Alten zum Beispiel in die Jagd und in die Sexualität eingeführt. Nach dieser Zeit bekommen sie ihre eigene Hütte im Bereich der Erwachsenen.

Was auf den ersten Blick sehr archaisch erscheint, findet auf den zweiten Blick auch in unserer Kultur statt. In der Pubertät lösen sich Jugendliche von ihren Eltern. Die Geschlechtsreife treibt sie zu Erfahrungen mit dem anderen Geschlecht. Das Ganze wird begleitet durch rauschhafte Erlebnisse mit den Mitteln der Erwachsenenwelt, zum Beispiel schnelle Autos und Motorräder oder Alkohol und Nikotin.

Auch religiös verlässt der Jugendliche die religiöse Welt seiner Kindheit.
Der christliche Ritus, der diesen Übergang religiös begleitet, ist die Konfirmation in der evangelischen Kirche bzw. die Firmung in der katholischen Kirche. Religiös unmündige Kinder werden mit der Konfirmation zu religiös mündigen jungen Erwachsenen, die von nun an selbst entscheiden können, ob sie zum Beispiel am evangelischen Religionsunterricht teilnehmen wollen oder nicht.
Bei der Taufe eines Säuglings werden stellvertretend Eltern und Paten gefragt, ob sie wollen, dass das Kind getauft wird und im christlichen Glauben aufwächst.
Bei der Konfirmation übernimmt der Jugendliche selbst die Verantwortung, indem er sich im Gottesdienst öffentlich zum christlichen Glauben bekennt und damit seine Taufe aus eigener Entscheidung bestätigt.

Die Trauung

Ein weiterer einschneidender Übergang ist die Eheschließung von zwei Menschen. Es ist kein Zufall, dass die Ehe unter dem besonderen Schutz des Staates steht. Jede Eheschließung ist ein öffentlicher Akt. Die Trauzeugen bestätigen, dass sie das Ja-Wort von Braut und Bräutigam gehört haben. Von nun an bilden zwei Individuen eine neue Einheit. Dieser neue Zustand – im Mittelalter sprach man vom »Stand« – wird vom Staat nicht nur mit steuerlichen Vorteilen ausgestattet, sondern auch gesetzlich geschützt. Ehepartner brauchen zum Beispiel vor Gericht nicht gegeneinander auszusagen.
Durch die Eheschließung kommt es also zur Verschmelzung zweier Menschen zu einer neuen Einheit, so dass jeder, der mit einem der Ehepartner zu tun hat, es immer zugleich auch

mit dem anderen Ehepartner zu tun hat. Aus dieser Einheit können Kinder hervorgehen und diese Einheit kann ein stabiles Umfeld für ihr Heranwachsen sein.
Der christliche Ritus, der diesen Übergang religiös begleitet, ist die kirchliche Trauung. Die Ehe selbst wird auf dem Standesamt geschlossen, denn die Ehe ist nach dem Verständnis der evangelischen Kirche kein Sakrament, sondern eine weltliche Angelegenheit. Das Ja-Wort in der Kirche vor dem Altar soll deutlich machen: Ich nehme meinen Ehepartner aus Gottes Hand. Er gehört mir nicht, sondern er ist ein Schatz, den mir Gott anvertraut. Mit der kirchlichen Trauung machen die Brautleute deutlich, dass sie auf den Segen Gottes angewiesen sind. Niemand kann sich für ein Ja-Wort absolut verbürgen. Deshalb bitten Braut und Bräutigam darum, dass ihre Ehe gelingt. Kein Mensch kann eine lebenslange Beziehung garantieren. Deshalb wird dem Brautpaar bei der Trauung Gottes Segen und Hilfe zugesprochen.

Die Beerdigung

Die letzte Grenzüberschreitung, die jeder Mensch bewältigen muss, ist der Tod. Der christliche Ritus, der diesen Übergang vom Sein zum Nicht-Sein religiös begleitet, ist die kirchliche Bestattung. Durch den Tod wird der Mensch wieder zu Erde, aus der er gemacht wurde. Gott hat den Menschen ins Leben gerufen und ihm das Leben geschenkt. Im Tod nimmt Gott dem Menschen das Leben wieder. Der Odem des Lebens, den Gott dem Menschen eingehaucht hat, wird vom Sterbenden wieder ausgehaucht. Er ist keine lebendige Seele mehr. In all dem erweist sich Gott, der Schöpfer des Himmels und der Erde, auch als Herr über Leben und Tod.
Zugleich wird in der kirchlichen Bestattung die Hoffnung auf

eine leibliche Auferstehung des Verstorbenen verkündigt. Jesus wurde gekreuzigt und er ist gestorben, aber nach drei Tagen im Tod hat Gott ihn von den Toten auferweckt und ihn in das ewige Leben gerufen. Der Auferstandene wohnt nun in der ewigen Welt Gottes. Damit seine Jünger an ihn als den Auferstandenen glauben, erscheint er ihnen leibhaftig bei verschiedenen Gelegenheiten.
Diese Hoffnung auf eine leibliche Auferstehung gilt auch dem Verstorbenen und der zum Trauergottesdienst versammelten Gemeinde der Glaubenden, die um den Verstorbenen trauert.
Aus Sicht der Kirche als Institution ist es problematisch, einen Verstorbenen, der aus der christlichen Kirche ausgetreten ist, kirchlich zu bestatten. Die Auferstehungshoffnung ist Kern und Zentrum des christlichen Glaubens. Wer aus der Kirche austritt, macht damit zugleich deutlich, dass er mit den Inhalten des christlichen Glaubens nicht übereinstimmt. Das ist legitim. Andererseits wird die institutionelle Kirche diesen Kirchenaustritt als letzten Willen des Verstorbenen achten und ihn nicht nach seinem Tod gegen seinen Willen wieder in die Kirche hineintragen.
Gott hat den Menschen erschaffen. Der Mensch war dabei passiv. Gott macht den Menschen in der Taufe zu seinem Kind. Der Täufling ist dabei passiv. Gott rechtfertigt den Sünder und schenkt ihm das Heil. Der Mensch ist dabei passiv und empfängt dieses Geschenk. Diese Passivität des Menschen gilt auch im Tod. Der Verstorbene hört auf, aktiv zu sein. Aber Gott hört nicht auf, die Beziehung zu dem Verstorbenen aufrechtzuerhalten. Gottes Verhältnis zum Menschen bleibt auch über den Tod des Menschen hinaus bestehen. Denn Gott hat uns zu solchen Menschen erschaffen, mit denen er auch über den Tod hinaus reden will.

Die Sakramente

Die evangelische Kirche kennt nur zwei Sakramente: die Taufe und das Abendmahl.
Die katholische Kirche dagegen kennt sieben Sakramente: Taufe, Eucharistie bzw. Abendmahl, Firmung, Buße, Krankensalbung bzw. »letzte Ölung«, Priesterweihe und Ehe.
Luther hat diese sieben Sakramente der katholischen Kirche auf zwei reduziert und dabei die Bibel als Maßstab angelegt.
Ein Sakrament muss zwei Bedingungen erfüllen: Es muss ausdrücklich von Jesus Christus eingesetzt und befohlen sein. Und es muss etwas Materielles mit dem Sakrament verbunden sein.
Die Taufe hat Jesus Christus in Mt 28,18-20 selbst befohlen:

> Gehet hin und machet zu Jüngern alle Völker: Taufet sie auf den Namen des Vaters und des Sohnes und des Heiligen Geistes.

Die Taufe ist mit Wasser verbunden.
Auch das Abendmahl geht auf einen Befehl Jesu zurück:

> Nehmet hin und trinket alle daraus: Dieser Kelch ist das Neue Testament in meinem Blut, das für euch vergossen wird zur Vergebung der Sünden; solches tut, so oft ihr's trinket, zu meinem Gedächtnis.

Das Abendmahl ist mit Brot und Wein verbunden.

Das Kirchenjahr

Das Kirchenjahr zeichnet das Leben Jesu und den Beginn der christlichen Kirche nach. Es beginnt vier Sonntage vor Weihnachten mit dem ersten Advent. Advent heißt Ankunft. Gemeint ist die Ankündigung der Ankunft Jesu. Am 24. Dezember feiern die Christen der westlichen Welt die Geburt Jesu. Dieses Weihnachtsfest erstreckt sich bis zum 25. und 26. Dezember. Es wird zur Zeit der Wintersonnenwende gefeiert, wenn die Tage am kürzesten und die Nächte am längsten sind. Das ist kein Zufall. Bereits in der Antike wurde in dieser Zeit das heidnische Fest des unbesiegbaren Sonnengottes, »sol invictus«, gefeiert. Die christliche Kirche hat dieses Fest sozusagen christianisiert und von Jesus Christus her neu interpretiert. Die Zunahme der Lichter vom ersten Advent bis zu den Kerzen am Weihnachtsbaum zeigt symbolisch, was es heißt, dass das Licht der Welt in der dunkelsten Nacht erschien.

Am 6. Januar ist das Epiphaniasfest. Epiphanias heißt auf Deutsch »Erscheinung«. Gemeint ist damit die Erscheinung Gottes in unserer Welt durch Jesus Christus. Die Christen der östlichen Welt feiern an diesem Tag die Geburt Jesu. Die Christen der westlichen Welt erinnern sich am Epiphaniastag an die Erscheinung des Sternes von Bethlehem und an die Weisen aus dem Morgenland, von denen Mt 2,1-12 erzählt.

An diesen Weihnachtsfestkreis schließt sich der Osterfestkreis an. Er beginnt mit dem Aschermittwoch, der die vierzigtägige Passionszeit einleitet. Passion heißt auf Deutsch »Leiden«. In dieser Zeit erinnern sich die Christen in besonderer Weise an das Leiden und Sterben Jesu. Die letzte Woche der Passionszeit wird Karwoche genannt. Das altdeutsche Wort »kara« bedeutet Trauer. Die Karwoche beginnt mit dem Palmsonntag. Er wird so genannt, weil an diesem Tag die Geschichte vom Einzug Jesu in Jerusalem im Mittelpunkt steht. In Joh 12,12-19 wird erzählt, wie die Menschen in Jerusalem ihm mit Palmzweigen in den Händen zujubeln.

Am Gründonnerstag erinnern sich die Christen an die Einsetzung des Abendmahls durch Jesus. Die Bezeichnung grün stammt ursprünglich vom altdeutschen Wort »greinen« und bedeutet weinen, trauern.

Der Karfreitag ist der Tag der Kreuzigung und des Todes Jesu. Zur neunten Stunde stirbt Jesus, so erzählen die Evangelien. Deshalb wird bis heute in vielen Kirchen um 15.00 Uhr ein Gottesdienst zur Todesstunde Jesu gefeiert.
Karfreitag ist der erste Tag des Todes Jesu. Am Karsamstag ist Jesus zwei Tage tot. Und am dritten Tag, frühmorgens am Ostersonntag, erscheint er den Frauen und seinen Jüngern als der Auferstandene vor dem geöffneten Grab.
Während Heiligabend immer am 24. Dezember gefeiert wird, gehört Ostern zu den so genannten beweglichen Festen und fällt auf den ersten Sonntag nach Vollmond nach Frühlingsanfang. Es ist kein Zufall, dass das Osterfest in der Frühlingszeit liegt, denn im Frühling erwacht die Natur zu neuem Leben und macht dadurch das Wunder der Auferstehung sinnlich erfahrbar.
Vierzig Tage später, an Christi Himmelfahrt, erscheint er seinen Jüngern zum letzten Mal als der leiblich Auferstandene. Anschließend wird er vor ihren Augen in einer Wolke, dem Zeichen der Gegenwart Gottes, in Gottes unsichtbare Welt aufgenommen. Die sichtbaren Erscheinungen vor den Jüngern hören auf.
Doch die Jünger bleiben nicht allein. In Apg 2 wird von der Ausgießung des Heiligen Geistes auf die Jünger erzählt. Das geschieht fünfzig Tage nach Ostern. Das griechische Wort für fünfzig lautet »pentekoste«. Es hat dem Pfingstfest seinen Namen gegeben. Von Pfingsten an werden die Jünger in der Apostelgeschichte des Lukas als Apostel bezeichnet. Sie bezeugen Jesus als den auferstandenen Herrn der Welt. Durch die Predigt des Petrus am Pfingsttag kommen mehr als zweitausend Menschen zum Glauben; sie lassen sich taufen und gehören dadurch zur Gemeinde der Christen. Deshalb gilt das Pfingstfest als der Geburtstag der christlichen Kirche.

Der Sonntag nach Pfingsten heißt Trinitatis. An diesem Tag steht die Trinität Gottes im Mittelpunkt. Trinität ist der lateinische Fachbegriff für die Dreieinigkeit bzw. Dreifaltigkeit Gottes. Gott ist zwar einer und das Christentum ist eine monotheistische Religion. Aber dieser eine Gott ist als Vater, Sohn und Heiliger Geist mit den Menschen in Beziehung getreten. Als Vater und Schöpfer hat er die Menschen geschaffen. Als Sohn ist Gott Mensch und damit Kreatur geworden wie wir. Und als Heiliger Geist wirkt er in allen, die getauft sind und an ihn glauben. Gott ist also nach christlichem Verständnis kein vollkommen abgeschlossenes Subjekt, sondern Gott ist in sich selbst Beziehung; er steht im Gespräch mit sich selbst. An diesem innergöttlichen Austausch bekommen die Glaubenden Anteil.

Die Zeit vom ersten Advent bis Trinitatis hat man die festliche Hälfte des Kirchenjahres genannt, denn nach Trinitatis beginnt die gleichförmige Reihe der bis zu vierundzwanzig Sonntage nach Trinitatis, die tatsächlich so gezählt und genannt werden.

Am 31. Oktober feiern die evangelischen Kirchen das Reformationsfest und erinnern an Martin Luther, der an diesem Tag durch seine 95 Thesen eine Rückbesinnung auf die biblische Botschaft eingeleitet hat.

Der vorletzte Sonntag des Kirchenjahres fällt mit dem Volkstrauertag und dem Gedenken an die Opfer von Kriegen und Gewalt zusammen.

Am darauffolgenden Mittwoch ist Buß- und Bettag, der nur noch in wenigen Bundesländern als gesetzlicher Feiertag gilt.

Der letzte Sonntag des Kirchenjahres ist der Ewigkeitssonntag; von vielen auch als Totensonntag bezeichnet, weil an diesem Tag viele Angehörige ihrer Verstorbenen gedenken. Inhaltlich geht der Blick an diesem Sonntag zugleich über diese Welt hinaus in die ewige Welt Gottes.

15. Fünf Grundtexte des Christentums

Wie lassen sich zweitausend Seiten Bibel und zweitausend Jahre Christentum zusammenfassen? Schon in der Alten Kirche war es üblich, dass die erwachsenen Täuflinge vor ihrer Taufe ein kurzes Bekenntnis ablegten, in dem die wichtigsten Inhalte ihres Glaubens zusammengefasst waren. Vorher waren sie in den christlichen Glauben eingeführt worden. Diesen Unterricht bezeichnete man als Katechumenat und die Taufbewerber als Katechumenen.
Martin Luther hat an diese Tradition in seinem Kleinen Katechismus angeknüpft. Er wollte, dass jeder Christ in der Lage war, über die fünf wichtigsten Fragen des Glaubens Auskunft zu geben.

Erstens: Wie lebt ein Christ? Die Antwort geben die Zehn Gebote.

Zweitens: Was glaubt ein Christ? Das Glaubensbekenntnis fasst die wichtigsten Inhalte zusammen.

Drittens: Wie betet ein Christ? Jesus lehrt seine Jünger das Vaterunser, das nach heutigem Forschungsstand auf Jesus selbst zurückgeht.

Viertens: Wie wird man Christ? Die Antwort gibt der Taufbefehl.

Fünftens: Wie bleibt man Christ? Die Einsetzungsworte Jesu deuten das Abendmahl als Mahl der Gemeinschaft und der Vergebung. Es dient der Vergewisserung des Glaubens.

Die Zehn Gebote

1. Ich bin der Herr, dein Gott. Du sollst nicht andere Götter haben neben mir.
2. Du sollst den Namen des Herrn, deines Gottes, nicht unnütz gebrauchen, denn der Herr wird den nicht ungestraft lassen, der seinen Namen missbraucht.
3. Du sollst den Feiertag heiligen.
4. Du sollst deinen Vater und deine Mutter ehren, auf dass dir's wohlgehe und du lange lebest auf Erden.
5. Du sollst nicht töten.
6. Du sollst nicht ehebrechen.
7. Du sollst nicht stehlen.
8. Du sollst nicht falsch Zeugnis reden wider deinen Nächsten.
9. Du sollst nicht begehren deines Nächsten Haus.
10. Du sollst nicht begehren deines Nächsten Weib, Knecht, Magd, Vieh noch alles, was sein ist.

Das Glaubensbekenntnis

Ich glaube an Gott, den Vater, den Allmächtigen, den Schöpfer des Himmels und der Erde.
Und an Jesus Christus, seinen eingeborenen Sohn, unsern Herrn, empfangen durch den Heiligen Geist, geboren von der Jungfrau Maria, gelitten unter Pontius Pilatus, gekreuzigt, gestorben und begraben, hinabgestiegen in das Reich des Todes, am dritten Tage auferstanden von den Toten, aufgefahren in den Himmel, er sitzt zur Rechten Gottes, des allmächtigen Vaters, von dort wird er kommen zu richten die Lebenden und die Toten.
Ich glaube an den Heiligen Geist, die heilige christliche Kir-

che, Gemeinschaft der Heiligen, Vergebung der Sünden, Auferstehung der Toten und das ewige Leben. Amen.

Das Vaterunser

Vater unser im Himmel, geheiligt werde dein Name, dein Reich komme, dein Wille geschehe wie im Himmel so auf Erden. Unser tägliches Brot gib uns heute. Und vergib uns unsere Schuld, wie auch wir vergeben unsern Schuldigern. Und führe uns nicht in Versuchung, sondern erlöse uns von dem Bösen. Denn dein ist das Reich und die Kraft und die Herrlichkeit in Ewigkeit. Amen.

Der Taufbefehl

Christus spricht: Mir ist gegeben alle Gewalt im Himmel und auf Erden. Darum gehet hin und machet zu Jüngern alle Völker: Taufet sie auf den Namen des Vaters und des Sohnes und des Heiligen Geistes und lehret sie halten alles, was ich euch befohlen habe. Und siehe, ich bin bei euch alle Tage bis an der Welt Ende. (Mt 28,18-20)

Die Einsetzungsworte zum Abendmahl

Unser Herr Jesus Christus, in der Nacht, da er verraten ward, nahm er das Brot, dankte und brach's und gab's seinen Jüngern und sprach: Nehmet hin und esset: Das ist mein Leib, der für euch gegeben wird; solches tut zu meinem Gedächtnis.
Desgleichen nahm er auch den Kelch nach dem Abendmahl, dankte und gab ihnen den und sprach: Nehmet hin und trin-

ket alle daraus: Dieser Kelch ist das neue Testament in meinem Blut, das für euch vergossen wird zur Vergebung der Sünden; solches tut, sooft ihr's trinket, zu meinem Gedächtnis.

16. Das Verhältnis von Glaube und Vernunft

> Wenn die Bücher von Nietzsche dich dazu bringen, deinen Glauben aufzugeben, dann solltest du besser an Nietzsche glauben als an Jesus Christus, denn dann hätte sich Nietzsche als stärker erwiesen.

Diese Antwort eines Pastors auf meine jugendliche Frage, ob ein Christ unbeschadet Nietzsche lesen könne, ist für mich zu einem Grundmodell im Umgang mit der Wirklichkeit geworden. Statt eines Denkverbotes begegnete mir hier die Freiheit, alles zu denken und kritisch zu überprüfen. Der christliche Glaube hat keine Angst vor neuen Gedanken und Entdeckungen, weil er in allem das Wirken Gottes vermutet und zu erkennen versucht.

Bibel und neuzeitliches Denken

Das gilt auch für die Entstehung der Bibel. Durch wissenschaftliche Methoden sind wir in der Lage, die historische Umwelt und den Entstehungsprozess der biblischen Schriften nachzuvollziehen. Weil die Bibel auf eine Vielzahl von Autoren aus verschiedenen Jahrhunderten zurückzuführen ist, sind Widersprüche in der Bibel unvermeidlich. Die theologische Wissenschaft versucht, diese Widersprüche herauszuarbeiten und zu deuten.

Das tut dem christlichen Glauben gut, denn wir können heute nachvollziehen, wie die ersten Christen darum gerungen haben, die Person Jesu zu verstehen. Dabei sind sie im Laufe der

Zeit zu immer tieferen Erkenntnissen gelangt. Auf diesem Hintergrund wird der heutige christliche Bibelleser Teil dieser alten Auslegungsgemeinschaft und führt ihr Nachdenken weiter.
»Ich glaube an die Bibel« – dieser Satz steht nicht im Glaubensbekenntnis. Die Bibel ist nach christlichem Verständnis kein Glaubensgegenstand. Der Satz müsste heißen: Ich glaube nicht an die Bibel, sondern an den dreieinigen Gott. Trotzdem ist die Bibel ein hilfreiches Instrument, denn hier haben Menschen ihre Erfahrungen mit Gott aufgeschrieben. Der heutige Bibelleser bekommt Anteil an diesen alten Erfahrungen; er deutet seine eigenen Erfahrungen mit Gott im Licht dieser Aufzeichnungen und wird auf diese Weise ein Teil dieser Erfahrungsgemeinschaft.
Diese Einsichten ermöglichen einen unverkrampften Umgang mit der Bibel. Die segensreiche Arbeit von Pastorinnen und Bischöfinnen lehrt uns, dass der Satz des Paulus heute nicht mehr gilt: *Das Weib schweige in der Gemeinde.* Frauen dürfen ohne Kopftuch Gottesdienst feiern, auch wenn Paulus das ausdrücklich ablehnt. Und Ehebruch muss nicht mit dem Tod bestraft werden, obwohl das Alte Testament das fordert.
Gleichzeitig wird die Bibel als Heilige Schrift bezeichnet – völlig zu Recht. Sie ist zwar nur ein Mittel und erst im Laufe der Jahrhunderte zu einer heiligen Schrift geworden, aber ihre Geschichte zeigt, dass bis heute Menschen durch sie zum Glauben an den dreieinigen Gott geführt werden. Gott bedient sich dieses Mittels, um mit Menschen in Kontakt zu kommen. Das macht diese Schrift einzigartig und wertvoll.

Glaube und Naturwissenschaft

Ebenso unverkrampft kann der christliche Glaube mit neuen naturwissenschaftlichen Erkenntnissen umgehen. Sie treten

nicht in Konkurrenz zu den biblischen Schöpfungserzählungen. Der christliche Glaube interpretiert die naturwissenschaftliche Forschung als neugierige Suche nach den Spuren Gottes, die er bei der Erschaffung der Welt hinterlassen hat und bis heute hinterlässt. Niemals kann die Naturwissenschaft anhand einer von Gott erschaffenen Wirklichkeit herausfinden, dass es Gott nicht gibt. Das ist schlechterdings unmöglich.
Das Gegenteil ist genauso unbeweisbar. Man kann zwar bei meditierenden buddhistischen Mönchen im Kernspintomographen durch bildgebende Verfahren die entsprechende Gehirnregion als besonders aktiv darstellen. Das sagt aber nichts über die Existenz Gottes aus, sondern über die Existenz einer besonders aktiven Gehirnregion.

Glaube und Geschichte

Der christliche Glaube sieht im Glauben jedes Christen Gott selbst am Werk. Es ist Gottes Geist, der im Menschen den Glauben hervorbringt. Wenn ein Mensch zu der Überzeugung gelangt, dass der Schöpfer der Welt in einem Baby ausgerechnet auf diese Erde gekommen sei, und zwar in einem Kosmos von etwa siebzehn Milliarden Lichtjahren Ausdehnung, dann muss dieser Glaube auf das Wirken Gottes zurückgeführt werden. Kein Mensch gelangt von sich aus zu solch einer – in jeder Hinsicht – fantastischen Vorstellung.
Der Glaube ist – wie Gott selbst – ein Wunder und bleibt ein Geheimnis. Gleichzeitig unterliegt er – wie die Bibel – geschichtlichen Bedingungen. Psychologische Gesetzmäßigkeiten und biografische Einflüsse prägen den Glauben jedes Einzelnen.
Ähnlich zweideutig verhält es sich mit der Vernunft. Auf der einen Seite ist die Vernunft das entscheidende Merkmal, das

den Menschen von allen anderen Lebewesen unterscheidet. Auf der anderen Seite verhält sich der Mensch selten wie ein vernünftiges Wesen. Nur so ist es zum Beispiel zu erklären, dass Menschen Zigarettenpackungen kaufen, auf denen ausdrücklich der Warnhinweis steht: Rauchen tötet.

Die uns umgebende Wirklichkeit ist größer und komplexer als wir erfassen können. Die Physik vermag nicht mehr zu sagen, was Materie ist. Die Psychologie vermag nicht zu sagen, was eine Seele ist.

Vielleicht würde der griechische Philosoph Plato sein Höhlengleichnis heute anders erzählen:

Stell dir vor, die Menschen sind wie eine Ameisenkolonie in einem Fußball. Sie haben nie etwas anderes gesehen als das Innere dieses Balls. Der Ball wird von einer Ecke in die andere geschossen und das ganze Stadion tobt. Aber die Ameisen deuten das Ganze als Erdbeben, Sturm und kosmisches Hintergrundrauschen. Nach fünfundvierzig Minuten kehrt wieder die vertraute Ruhe ein. Stell dir vor, das völlig Unwahrscheinliche würde eintreten: Ein Spieler verwandelt sich in eine Ameise, krabbelt durch das Ventil in das Innere des Balles und erzählt der Ameisenkolonie von der Welt draußen.

Der christliche Glaube hat es mit der Menschwerdung Gottes in Jesus Christus zu tun. Das Neue Testament versteht unter christlichem Glauben eine persönliche Beziehung zu dem auferstandenen Christus. Wenn Gott als Mensch in diese Welt kommt, dann wird er Teil der Weltgeschichte und schafft damit historische Fakten. Der menschliche Verstand ist nicht nur eine gute Gabe Gottes, sondern er beinhaltet zugleich die Aufgabe, diesem Geheimnis der Menschwerdung nachzugehen. Damit das geschehen kann, ist es hilfreich, einige wichtige Fakten zu kennen. Wenn dieses Buch ein wenig dazu beiträgt, hat es seinen Zweck erfüllt.

Kleines Glossar

Anthropologie (griech. anthropos = Mensch; logos = Wort, Lehre): Lehre vom Menschen

Anthropomorphismus (griech. anthropos = Mensch; morphe = Gestalt): Übertragung menschlicher Merkmale auf Gott

Apokalypse (griech. »Offenbarung«): Schilderung der Geheimnisse des Weltendes

Apokryphen (griech. »verborgen«): Bezeichnung für jüdische und christliche Schriften, die nicht in das Alte bzw. Neue Testament aufgenommen wurden

Askese (griech. askesis = Übung, z. B. eines Wettkämpfers): Selbstbeherrschung, Verzicht

Atheismus (griech. theos = Gott; mit vorangestelltem verneinendem Alpha): Leugnung der Existenz Gottes

Bar-Mizwa (hebr. »Sohn der Pflicht«): Fest für 13-jährige jüdische Jungen

Cuius regio, eius religio (lat. »Wessen die Region, dessen die Religion«): Wem das Territorium gehört, der darf die Konfession seiner Untertanen bestimmen.

Dekalog (griech. deka = zehn; logos = Wort): Fachbegriff für die Zehn Gebote. Die Zählung der Gebote folgt in diesem Buch der evangelisch-lutherischen Tradition. Die evangelisch-reformierte Tradition hat als zweites Gebot: Du sollst dir kein Bildnis machen. Die römisch-katholische Tradition hat als neuntes Gebot: Du sollst nicht begehren deines Nächsten Frau.

Diaspora (griech. »Zerstreuung«): Juden, die außerhalb Israels leben

Dualismus (lat. dua = zwei): Zweiheit, Gegensätzlichkeit

Enuma elisch (akkad. »Als oben«): babylonische Erzählung über die Erschaffung der Welt

Eschatologie (griech. eschaton = das Letzte, Endgültige; Es-cha-tologie ausgesprochen): Lehre von den letzten Dingen

Exodus (griech. »Auszug«): Bezeichnung für das zweite Buch Mose; abgekürzt: Ex

Genesis (griech. »Schöpfung«): Bezeichnung für das erste Buch Mose; abgekürzt: Gen

Holocaust (griech. holos = ganz; kausis = Verbrennung): ursprünglich Bezeichnung für ein ganz verbranntes Opfertier; bezeichnet heute den nationalsozialistischen Völkermord an den Juden

Immanenz (lat. in = in; manere = bleiben): Bezeichnung für die Wirklichkeit, die innerhalb der Grenzen der Erfahrbarkeit bleibt

INRI (lat. Abkürzung für Iesus Nazarenus Rex Iudaeorum): Jesus von Nazareth, König der Juden; häufig auf Kreuzigungsdarstellungen

In-vitro-Fertilisation (lat. »Befruchtung im Glas«): künstliche Befruchtung der Eizelle außerhalb der Gebärmutter

Jahwe (hebr.): Gottesname, der den Juden als so heilig galt, dass er schließlich nicht mehr ausgesprochen wurde, was zur irrtümlichen Bezeichnung »Jehova« führte

Katechismus (griech. katecho = das Herabtönen, nämlich des Lehrers auf den Schüler): kirchliches Lehrbuch

Kerygma (griech.): Verkündigung

Kirche (griech. kyriake): alles, was zum Kyrios, nämlich zu Jesus Christus gehört

Konfession (lat. confessio = Bekenntnis): »Christentum« bezeichnet die Religion; »evangelisch« und »katholisch« bezeichnen zwei unterschiedliche Konfessionen dieser Religion

Metaphysik (griech. meta = über; physis = Natur): Lehre vom Übernatürlichen und Übersinnlichen

Minarett: Turm einer Moschee

Monotheismus (griech. monos = eins; theos = Gott): Eingottglaube

Muezzin: Gebetsrufer im Islam

Palliativmedizin: Behandlung mit Medikamenten, die schmerzlindernd wirken, aber nicht die Ursache beheben

Parusieverzögerung (griech. parousie = Anwesenheit): Ausbleiben der Wiederkunft Christi am Ende der Zeit

Präexistenz (lat. prae = vor; existere = entstehen): Dasein vor der Erschaffung der Welt

Präimplantationsdiagnostik (lat. prae = vor; implantatio = Einpflanzung): Untersuchung von befruchteten Eizellen, die vor der Einpflanzung in die Gebärmutter stattfindet

Protestanten: Bezeichnung für die evangelischen Christen, seit die evangelischen Fürsten 1529 auf dem Reichstag in Speyer gegen Benachteiligung protestierten

Septuaginta (lat. »siebzig«): griechische Bibelübersetzung des Alten Testaments, das ursprünglich in Hebräisch verfasst wurde. Laut einer Legende soll sie von siebzig Übersetzern geschaffen worden sein, die alle – unabhängig voneinander – dieselbe wortwörtliche Übersetzung hergestellt haben.

Sola fide (lat.): allein durch den Glauben

Sola gratia (lat.): allein durch Gnade

Sola scriptura (lat.): allein die Schrift

Synopse (griech. syn = zusammen; optein = sehen): »Zusammenschau«; Bezeichnung für eine Bibelausgabe, in der die drei synoptischen Evangelien und das Johannesevangelium nebeneinander abgedruckt sind, damit man sie leichter vergleichen kann

Talionsprinzip (griech. talios = gleich): Vergeltung von Gleichem mit Gleichem

Testament (lat. testamentum): »Bund«; die Heilige Schrift der Juden wurde aus christlicher Sicht als »Altes Testament« bezeichnet

Tetragramm (griech. tetra = vier; gramma = Buchstabe): Fachbegriff für den aus vier hebräischen Buchstaben bestehenden Gottesnamen JHWH

Theodizee (griech. theos = Gott; dike = Gerechtigkeit): »Rechtfertigung Gottes«; Antwortversuch auf die Frage: Wie kann Gott das zulassen?

Theologie (griech. theos = Gott; logos = Wort, Lehre): Gotteslehre

Tohuwabohu (hebr.): »Wüst und leer«; chaotischer Schöpfungszustand vor Gottes ordnendem Handeln

Totipotent (lat. totus = ganz; potentia = Macht, Fähigkeit): »alles könnend«; Eigenschaft von embryonalen Stammzellen im frühen Teilungsstadium

Transzendenz (lat. trans = hinüber; scandere = steigen): die jenseits unserer Erfahrung liegende Wirklichkeit

Vulgata (lat. »die allgemein Verbreitete«): Bezeichnung für die in der katholischen Kirche maßgebliche lateinische Bibel

Abkürzungen und Zitate

Die kursiven Kurzzitate im Text sowie die eingerückten längeren Zitate wurden behutsam verändert, wenn es der Verständlichkeit diente. Bibelzitate sind in der Regel entnommen aus »Die Gute Nachricht Bibel«.

Die wichtigsten Abkürzungen:

1. Buch Mose (Gen)
2. Buch Mose (Ex)
Jesaja (Jes)
Psalm (Ps)
Hiob (Hi)
Evangelium des Matthäus (Mt)
Markus (Mk)
Lukas (Lk)
Johannes (Joh)
Apostelgeschichte(Apg)
Brief des Paulus an die Römer (Röm)
1. Brief an die Korinther (1. Kor)
Offenbarung des Johannes (Offbg).

Alle weiteren üblichen Abkürzungen finden sich auf den ersten Seiten jeder Bibelausgabe.

Literatur

Das folgende Verzeichnis enthält die von mir benutzte, zitierte und weiterführende Literatur.

Barmer Erklärung (Theologische Erklärung der Bekenntnissynode von Barmen): siehe Evangelisches Gesangbuch (Niedersachsen) Nr. 810.

Oswald Bayer: Martin Luthers Theologie. Eine Vergegenwärtigung, Tübingen [3]2007.

Klaus Berger: Das Neue Testament und frühchristliche Schriften, Frankfurt/M. 2005.

Klaus Berger: Jesus, München 2007.

Karl-Heinz Bieritz: Das Kirchenjahr. Feste, Gedenk- und Feiertage in Geschichte und Gegenwart, München [7]2005.

Ernst-Wolfgang Böckenförde: Recht, Staat, Freiheit. Studien zur Rechtsphilosophie, Staatstheorie und Verfassungsgeschichte, Frankfurt/M. 2007.

Dietrich Bonhoeffer: Von guten Mächten, siehe Evangelisches Gesangbuch Nr. 65.

Albert Camus: Der Mythos des Sisyphos, Reinbeck [9]2000.

Johann Hinrich Claussen: Die 101 wichtigsten Fragen. Christentum, München [3]2008.

Hans Conzelmann und Andreas Lindemann: Arbeitsbuch zum Neuen Testament, Tübingen [14]2004.

Andreas Diße: Die Bibel. Abitur-Wissen Religion, Freising 2000.

EKD-Texte Nr. 94: Weltentstehung, Evolutionstheorie und Schöpfungsglaube in der Schule. Eine Orientierungshilfe des Rates der Evangelischen Kirche in Deutschland, Hannover 2008.

Evangelisches Gesangbuch. Ausgabe für die Evangelisch-Lutherischen Kirchen in Niedersachsen und für die Bremische Evangelische Kirche, Hannover 2002.

Epikur: Philosophie der Freude. Briefe. Hauptlehrsätze. Spruchsammlung. Fragmente, Frankfurt/M. [10]2007.

Sigmund Freud: Massenpsychologie und Ich-Analyse / Die Zukunft einer Illusion, Frankfurt/M. ^{8}1993.

Georg Gremels, Meine Zeit in deinen Händen. Sieben Säulen evangelischer Spiritualität, Göttingen ^{2}2006.

Hubertus Halbfas: Die Bibel erschlossen und kommentiert von Hubertus Halbfas, Düsseldorf ^{5}2001.

Hubertus Halbfas: Das Christentum erschlossen und kommentiert von Hubertus Halbfas, Düsseldorf 2004.

Eugen Herrigel: Zen in der Kunst des Bogenschießens / Der Zen-Weg, Frankfurt/M. ^{2}2004.

Wilfried Joest: Dogmatik, Bd. 1: Die Wirklichkeit Gottes; Bd. 2: Der Weg Gottes mit dem Menschen, Göttingen ^{5}2008.

Hans Jonas: Das Prinzip Verantwortung. Versuch einer Ethik für die technologische Zivilisation, Frankfurt/M. ^{2}2003.

Hans Jonas: Der Gottesbegriff nach Auschwitz. Eine jüdische Stimme, Frankfurt/M. ^{11}1987.

Margot Käßmann: Mit Herzen, Mund und Händen. Spiritualität im Alltag leben, Gütersloh ^{2}2007.

Adel Theodor Khoury: Der Koran erschlossen und kommentiert von Adel Theodor Khoury, Düsseldorf ^{2}2005.

Rochus Leonhardt: Grundinformation Dogmatik. Ein Lehr- und Arbeitsbuch für das Studium der Theologie, Göttingen ^{3}2008.

Martin Luther: An den christlichen Adel deutscher Nation / Von der Freiheit eines Christenmenschen / Sendbrief vom Dolmetschen, Stuttgart 2008.

Martin Luther: Der kleine Katechismus, siehe Evangelisches Gesangbuch (Niedersachsen) Nr. 806.

Manfred Mai: Weltgeschichte, München 2006.

Bernd Moeller: Geschichte des Christentums in Grundzügen, Göttingen ^{9}2008.

Friedhelm Moser: Kleine Philosophie für Nichtphilosophen, München 2007.

Friedrich Nietzsche: Also sprach Zarathustra. Ein Buch für Alle und Keinen, Frankfurt/M. ^{22}2005.

Heiko A. Obermann: Kirchen- und Theologiegeschichte in Quellen. Band 1–5, Neukirchen-Vluyn 1999–2007.
Platon: Sämtliche Werke, Bd. 2: Lysis, Symposion, Phaidon, Kleitophon, Politeia, Phaidros, übersetzt von Friedrich Schleiermacher, Reinbeck [31]2004.
Richard David Precht: Wer bin ich – und wenn ja, wie viele? Eine philosophische Reise, München [10]2007.
Julia Rüttgers: Jesus Christus. Abitur-Wissen Religion, Freising 2001.
Peter Singer: Praktische Ethik, Stuttgart [2]1994.
Gerhard Staguhn: Gott und die Götter. Die Geschichte der großen Religionen, München 2006.
Fulbert Steffensky: Schwarzbrot-Spiritualität, Stuttgart 2006.
Hans Joachim Störig: Kleine Weltgeschichte der Philosophie, Frankfurt/M. 1999.
Gerd Theißen: Der Schatten des Galiläers. Jesus und seine Zeit in erzählender Form, Gütersloh 2004.
Johannes Wallmann: Kirchengeschichte Deutschlands seit der Reformation, Tübingen [6]2006.
Wilhelm Weischedel: Die philosophische Hintertreppe. Die großen Philosophen in Alltag und Denken, München [29]2008.
Dittmar Werner: Glaube und Naturwissenschaft. Abitur-Wissen Religion, Freising 1999.
Renate Wind: Dem Rad in die Speichen fallen. Die Lebensgeschichte des Dietrich Bonhoeffer, Gütersloh [5]2006.
Erich Zenger: Einleitung in das Alte Testament, Stuttgart [6]2006.
Jörg Zink: Die Urkraft des Heiligen. Christlicher Glaube im 21. Jahrhundert, Stuttgart 2008.
Peter Zolling: Deutsche Geschichte von 1871 bis zur Gegenwart. Wie Deutschland wurde, was es ist, München 2007.

Danksagung

Allen voran danke ich meinen Schülerinnen und Schülern. Ihre offenen und unverblümten Fragen haben mir gezeigt, wie wichtig es ist, Wesentliches vom Unwichtigen zu unterscheiden, sich verständlich und anschaulich auszudrücken und den Bezug zum eigenen Leben im Blick zu behalten.
Außerdem danke ich der Studienstiftung des deutschen Volkes. Sie hat mir durch ein Stipendium ein inspirierendes und von materiellen Sorgen unbelastetes Theologiestudium ermöglicht.
Schließlich danke ich meiner Lektorin Christel Gehrmann für die vertrauensvolle und unkomplizierte Zusammenarbeit.